새로운 시대의 인권

새로운 시대의 인권

이수경
정필운
이경진
이대성
이선영
이지혜
전윤경
주주자
공저

누구도 차별받지 않고 자유로울 권리

새로운
시대의
인권

1쇄 발행 2024년 11월 28일
2쇄 발행 2025년 2월 21일

지은이 이수경 정필운 이경진 이대성 이선영 이지혜 전윤경 주주자
펴낸이 조일동
펴낸곳 드레북스

출판등록 제2024-000094호
주소 경기도 부천시 소향로143, 918호(중동, 필레오트윈파크1)
전화 032-323-0554 **팩스** 032-323-0552
이메일 drebooks@naver.com
인스타그램 @drebooks

인쇄 (주)프린탑
배본 최강물류

ISBN 979-11-93946-28-2 03300

인격적으로 점잖은 무게 '드레'
드레북스는 가치를 존중하고 책의 품격을 생각합니다

한식을 좋아하는 사람, 양식을 좋아하는 사람, 중식을 좋아하는 사람, 일식을 좋아하는 사람이 있는 것처럼 사람은 여러 면에서 매우 다르다. 그럼에도 모든 사람은 존엄하며, 이 존엄을 유지하기 위해서는 생명, 신체, 재산 등을 보호받아야 한다. 개인이 존엄을 유지하는 데 필요한 생명, 신체, 재산 등의 '이익'을 보호받기 위해 '인간'이면 누구나 가지는 '권리', 즉 인권이 보장되어야 한다는 평범한 사실을 생각하면 인권에 대한 이해가 얼마나 중요한 일인지 아무리 강조해도 지나치지 않다. 이 책은 한국법과인권교육학회가 진행한 인권교육포럼의 결과물이다.

한국법과인권교육학회는 2008년 법교육과 인권교육을 연구하는 학자, 대학교수, 현장 교사들이 자발적으로 만든 학술단체다. 우리 학회는 연 2회 정기 학술대회를 하고, 이 학술대회에서 발표한 논문을 비롯한 연구 결과를 《법과인권교육연구》라는 한국연구재단 등재학술지를 연 3회 정기적으로 출간하고 있다. 지난 2021년 우리 학회에서는 지금까지 갈고 닦은 학술적 역량을 모아 인권에 관심 있는 일반 시민과 학생들에게 인권 이론과 현황을 이해하기 쉽게 설명하는 책을 펴내기로 결정하고 이를 위해 인권교육포럼이라는 소모임을 진행했다.

이 책은 여러분이 인권을 이해하는 데 도움이 되는 몇 가지 내용으로 구성했다. 편안한 마음으로 읽다 보면 인권의 의미, 인권의 역사, 여성과 학생 인권, 환경 인권, 소수자 인권, 노동자 인권은 물론 인권의 미래를 생각해볼 수 있을 것이다.

그러면 우리 함께 인권의 세계를 떠나보자.

차 ———— 례

전윤경 _ 공립 대안학교인 헌천고등학교에서 아이들과 함께하고 있다. 한국교원대학교 대학원에서 인권교육, 법교육, 시민교육을 연구했으며(교육학 박사), 한국법과인권교육학회·대한교육법학회에서 이사로 활동하고 있다. 《교육법의 이해와 실제》《농어촌 교육법령의 이해》 등을 집필했다.

1장

인권의 시대 우리가 묻는 것

억압과 금지를
넘어

 인류의 역사 속에서 인권은 그 대상이 넓어지고 내용은 깊어져 왔다. 1800년대 자유를 쟁취하기 위한 시민혁명기부터 다양한 모습으로 전개되고 있는 지금의 시민운동(NGO, 예컨대 환경운동, 반핵, 외국인 노동자·성소수자의 권리 등)까지, 이는 모두 인권의 대상과 내용이 풍부해지고 있다는 증거일 것이다. 이른바 인권의 시대다.

 하지만 인권의 시대 속에서도 반동의 시대, 즉 인권의 후퇴도 존재한다. 프랑스혁명 당시에도 혁명을 반대하는 반혁명세력은 존재했다. 이를테면 혁명을 통해 탄생한 프랑스 공화국의 새로운 체제가 자신들에게 전파되는 것을 두려워한 주변의 왕정국가들은 프랑스를 과거의 왕정체제로 되돌리기 위해 전쟁을 일으키기도 했다. 그 과정에서 역설적으로 나폴레옹은 프랑스를 위기에서 구해내면서 스스로 황제에 올랐다. 또한 나치에 의한 제2차 세계대전과 그들이 저지른 홀로코스트, 즉 제2차 세계대전 중 유대인 대학살은 인권의 역사에서 보면 최악의 비극이라 할 수 있다. 하지만 아이러니하게도 제2차 세계대전 중의 홀로코스트는 세계인권선언문의 탄생에 중요한 계기가 되기도 했다. 이처럼 인권의 진보를 위한 인류의 노력은 어느 한순간의 잘못된 선택으로 퇴보하기도 했고, 이를 계기로 다시 진보의 경험을 겪기도 했다.

이런 인권의 역사를 이해할 때 가장 먼저 받는 질문은 "인권의 역사는 언제 어디에서 시작했는가?"다. 이것은 가장 어려운 질문이기도 하다. 인권의 역사를 동양과 서양 중 어디를 중심으로 보느냐에 따라 달라지기 때문이다.

동양의 불교에서 자비와 생명에 대한 존중은 곧 인권과 연결되며, 조선시대 신문고는 백성들의 억울한 사연을 귀기울이기 위해 국가가 시행했다는 점에서 인권과 관련된 제도라 할 만하다.

서양의 인권 개념은 보통 자연법사상이나 계몽주의부터 이야기한다. 자연법의 관념은 고대 그리스 극작가 소포클레스의 비극 《안티고네》에서 그 흔적을 찾을 수 있다. 테베의 왕 오이디푸스는 아버지를 살해하고 어머니와의 근친상간이라는 자신의 비밀을 깨달아 스스로 눈을 찔러 맹인 방랑자가 된다. 그의 두 아들 폴리네이케스와 에테오클레스는 왕의 자리를 놓고 전쟁을 벌이지만 둘 다 죽는데, 새로 왕이 된 크레온은 에테오클레스만 장례를 치러주고 타국의 군대를 이끌고 조국을 공격한 폴리네이케스의 시신은 매장하지 못하도록 명한다. 그러나 두 왕자의 여동생인 안티고네는 죽은 오빠의 장례를 치르는 것은 천륜(자연법)이라고 주장하며 왕의 명(실정법)을 어기고 오빠의 시신을 매장한다.

'안티고네'에서 안티(anti)는 '꺾이지 않는', '대항'의 의미가, 고네(gone)는 '태어나다'의 의미를 갖는다. 즉 이 이야기를 인권 측면에서 보면 국가 권력에 대항해서 개인의 인권을 보호하기 위한 자연법적 근거를 제공한다는 데에서 의미를 찾을 수 있다.

국가권력에 대항해서 시민으로서의 자연적 권리를 주장한 대표적인 사건으로 시민혁명을 먼저 떠올린다. 1789년 프랑스혁명에 참여한 시민군들에 의한 '인간과 시민의 권리선언'에서는 "인민은 인권에 대한 무지, 무시 또는 멸시가 국민의 불행과 정부의 부패를 야기한 유일한 원인이라고 간주해서, 엄숙한 선언을 통해, 자연적이고 빼앗길 수 없으며 신성한 권리를 표명하기로 결의했다."라고 선언하고 있다. 또한 그 이전 1776년 미국 '독립선언문'의 전문에서도 "지상의 여러 나라 사이에서 자연법과 자연의 신이 그 인민에게 부여한 법에 따라 독립적이고 평등한 지위를 취하는 것이 필요해졌을 때, 인간의 신념을 정녕코 존중한다면 분립 독립을 요구하는 대의를 선언함이 요청되는 바이다."라고 명시하고 있다.

그러나 당시 프랑스혁명의 끝은 인권선언문에서 밝힌 "모든 인간은 자유롭고 평등한 권리를 지닌 존재"라는 보편 인권에 대한 선언을 완벽하게 실현하지는 못했다. 혁명 이후에도 여성과 남성의 권리에 차별을 두었으며, 재산의 정도에 따라 시민의 권리를 부여했다. 바다 건너 아메리카 대륙에서도 노예제도는 여전히 성행했다.

이후 여성의 투표권은 100여 년이 지난 1893년이 되어서야 뉴질랜드가 최초로 여성의 참정권을 인정했으며, 1920년과 1928년에 각각 미국과 영국에서 여성의 보통선거권을 인정했다. 아메리카 대륙의 노예제도 역시 19세기 초가 되어서야 노예무역을 금지하기 위한 움직임이 시작되었다.

그렇다면 20세기 이후의 현시대를 인권의 시대라고 자신 있게 말할 수 있을까? 노예제도는 사라졌고, 여성의 투표권은 보편 인권으로 인정받고 있다. 그럼에도 현재 지구의 어느 곳에서는 여성이 명예살인이라는 이름 아래 집안의 명예를 더럽혔다는 이유로 희생되고 있으며, 라틴아메리카의 커피 농장, 서아프리카의 카카오 농장, 방글라데시의 의복 공장에서는 지금도 여전히 아동이 저임금 노동에 내몰리고 있다. 시민으로서 노동자의 권리 또한 신자유주의라는 이름 아래 새로운 형태로 그 문제가 심화되고 있다. 19세기 근대사회로의 이행은 인권의 진보를 가져왔지만 동시에 인류에게 새로운 고민을 안기고 있다.

이 장은 인권의 시대를 주제로 인류의 역사에서 인권의 진보와 관련된 사건들을 살펴본다. 1800년대 프랑스혁명부터 1900년대의 여성 참정권 운동, 1950년대 미국 사회의 흑인 민권 운동, 그리고 제2차 세계대전의 비극을 계기로 탄생한 세계인권선언문까지 인류 사회에서 인권의 역사를 살펴보고, 이를 토대로 인권의 진보를 찾아본다.

자유의 여신이 이끈 역사

"무기를 들어라, 시민들이여. 너희의 군대를 만들어라. 나아가자, 나아가자. 더러운 피를 물처럼 흐르게 하자."

프랑스의 국가 '라 마르세예즈(마르세유의 노래)'의 일부다. 프랑스인을 가리켜 흔히 하는 농담으로 "프랑스 사람 세 명이 모이면 혁명을 한다."라는 말이 있을 정도로 유럽 사회에서 프랑스혁명은 근대사회 인권의 진보에 아주 중요한 사건이었다. 그렇다면 당시 프랑스 시민들은 왜 무기를 들고 국가에 맞섰을까?

1789년 7월 14일, 프랑스 파리에서는 성난 군중이 바스티유 감옥을 습격하는 사건이 발생한다. 평소에 바스티유 감옥에는 정치범이 수용된 것으로 알려졌지만, 시민군이 감옥의 문을 부수고 들어갔을 당시에는 몇 명의 일반 죄수만 있었다. 격분한 시위대는 감옥을 점령하고 소장인 베르나르 조르당에게 무기와 탄약을 요구한다. 이후 바스티유 감옥 습격 사건은 프랑스혁명의 상징이 되어 매년 7월 14일을 '바스티유의 날'이라 하여 혁명기념일로 지정하고 파리 샹젤리제 거리에서는 대규모 퍼레이드와 불꽃놀이가 이어진다.

프랑스혁명의 배경에는 앙시앵 레짐(구제도)이라 불리는 지배체제가 있었다. 당시 프랑스 사회는 왕, 성직자(제1신분), 귀족(제2신분), 평민(제3신분)의 신분으로 나뉘어 있었고, 성직자와 귀족이 모든 특권을 누리고, 반대로 평민은 세금을 부담함에도 불구하고 어떤 정치적 권리도 누릴 수 없었다. 이런 앙시앵 레짐은 1789년 혁명에 의해 해체된다. 1789년 8월 26일 국민의회는 '인간과 시민의 권리선언'을 통해 인간으로서 누려야 할 권리를 선언하는데, 이 인권선언문은 시민들이 단순히 정치적 권리를 얻고자 하는 목적 이상의 의미를 지닌다. 선언문은 자연법과 계몽사상에 근거한 자연권으로서의 인권 사상을 담고 있다. 선언문 제1조에서는 "인간은 자유롭고 평등한 권리를 가지고 태어났다."라고 선언하고 있으며, 제2조에서는 자연권으로서 자유권과 재산권, 신체 안전에 대한 권리, 억압에 대한 저항권을 명시하고 있다.

20쪽 그림은 한 번쯤은 본 적 있는 들라크루아의 〈민중을 이끄는 자유의 여신〉으로, 프랑스혁명을 가장 상징적으로 보여준다. 하지만 부제인 '1830년 7월 28일'에서 짐작할 수 있듯이 이 작품은 1789년 바스티유 감옥을 습격하던 당시를 그린 것이 아니라 약 40년 후인 1830년에 일어난 7월혁명을 그린 작품이다. 당시의 왕 샤를10세는 단두대에서 처형된 루이16세의 동생으로 프랑스를 혁명 이전의 모습으로 되돌리려 했고, 이에 반발한 시민들은

다시 총과 칼을 들고 거리로 나왔다.

당시 들라크루아는 자신의 형에게 보낸 편지에 이렇게 적었다.

"내가 조국을 위해 직접 싸우지는 못했을지라도 최소한 조국을 위해 그림을 그릴 수는 있어."

편지의 내용에서 알 수 있듯이 그는 혁명에 직접 참여하지는 못했으나 이 작품을 통해 혁명의 모습을 생생하게 전달하고 있다.

이 작품에서 등장하는 인물들의 모습을 통해 당시의 상황을 짐작할 수 있다. 그림의 중앙에는 한 손에는 삼색기를 반대 손에는 총을 든 여성이 있다. 이 여성은 여신의 모습을 그린 것으로, 여신이 든 삼색기는 현재 프랑스의 국기로 각각의 색은 자유, 평등, 우애(박애)를 나타낸다. 그리고 여신은 머리에 '프리기아'라고 부르는 챙 없는 붉은 모자(두건)를 쓰고 있다. 이 모자는 자유의 상징으로 썼던 데에서 유래해서 '리버티 캡'이라고도 부른다.

자유의 여신 오른쪽에는 양손에 총을 든 소년의 모습이 보인다. 어디서 구했는지 양손에 든 총은 매우 위험해 보이고 어깨에 멘 가방은 소년의 키에 비해 길어 보인다. 이 소년은 빅토르 위고의 소설 《레미제라블》에 등장하는 소년 가브로슈의 모습이 떠오르기도 한다.

그렇다면 1800년대 아동의 인권은 어땠을까? 18세기 말 영국은 섬유산업을 중심으로 빠르게 성장하면서 아동들의 노동은 중요한 역할을 했다. 당시 아동은 보호의 대상이 아니라 '작은 노동자'로 취급되어 오히려 공장주들은 작은 노동자를 더 선호했다. 성인 임금의 절반도 되지 않는 임금을 주고 일을 시킬 수 있었기 때문이다. 18세기 말 영국에서 섬유산업이 성장하는 과정에 여성과 아동의 노동은 중요한 역할을 했다. 당시에도 아동에 대한 가혹한 노동 문제를 제기하지 않은 것은 아니다. 1833년 영국 의회는 10살에서 13살 아동 노동자의 노동시간을 주당 48시간으로, 14살에서 18살의 청소년 노동자의 노동시간은 주당 69시간으로 제한하는 법률을 입법하기도 했다. 그럼에도 현재의 15살 미만(국제노동기구의 기준)의 아동에게 노동을 금지하고 있는 것과는 큰 차이를 보인다.

자유의 여신 왼쪽에는 높은 모자와 정장에 장총을 들고 있는 남성과 흰색 셔츠를 풀어헤친 채 칼을 들고 있는 남성이 보인다. 전자는 부르주아로 보이며, 후자는 노동자로 보인다. 부르주아는 본래 '성안에 거주하는 사람들'이라는 의미로, 부를 축적한 상공업 계층을 가리킨다. 그래서 유산계급이라고도 하는데, 당시 부르주아 계급은 자신들의 부를 바탕으로 막대한 과세를 부담해야 했지만 어떤 정치적 권리도 인정받지 못했다. 이로 인해 프랑스혁명의 주체 세력으로 참가하고, 혁명 이후 이들은 정치적 권리와 신성불가침의 권리로서의 사유재산권을 인정받는다.

하지만 그 옆에 나란히 목숨을 걸고 혁명에 참여한 노동자 계급은 혁명이 성공한 뒤에도 정치적 권리를 인정받지 못한다. 이 그림의 소재가 된 7월혁명의 결과 탄생한 왕정이 부르주아 계급의 이익만을 대변하는 데 불만을 품은 중산층과 노동자 계급은 선거법 개정을 요구하며 2월혁명을 통해 공화정을 수립한다.

이처럼 들라크루아의 작품은 시민혁명기의 생생한 모습을 담고 있다. 자유의 여신을 중심으로 총과 칼을 든 민중은 자신들의 권리를 쟁취하기 위해 목숨을 걸고 혁명에 참여했다. 그들은 자연권으로서의 인권을 주장하면서 국왕에게 대항했다. 하지만 혁명 이후의 달콤한 열매는 모두에게 공평하게 주어지지 않았다. 프랑스는 왕을 끌어내리고 공화주의로 나아갔으나 여전히 노동자 계급이나 여성에게는 정치적 권리를 인정하지 않았다.

분리하되 평등하면
된다는 말

　1785년 11월 16일 아프리카 대륙을 출발한 브룩스 호가 카리브 해에 위치한 섬나라 자메이카의 사탕수수 농장에 도착한 것은 그해 12월 29일이었다. 43일이라는 긴 항해 동안 740명의 흑인 노예 중 항구에 내린 수는 635명이었다. 105명은 항해 중 질병과 학대를 견디지 못하고 죽자 바다에 버려졌다. 당시 노예선에 실린 흑인 노예들은 물건처럼 좁은 공간에 족쇄로 묶인 채 항해를 했다. 짐을 쌓듯 최대한 많은 노예를 배에 실어야 했기 때문에 볼일도 누운 채로 봐야만 했고, 위에서 흘러내린 똥오줌이 아랫사람에게 떨어졌다. 당시 자메이카는 영국의 식민지로 노예제도가 폐지되기 전까지 노예무역의 중심지였다.

　1800년대에 들어서면서 각 나라에서 잔혹한 역사를 지닌 흑인 노예제도를 폐지하기 위한 움직임이 시작된다. 영국의 경우 1807년 노예무역을 법으로 금지했으나 노예제도 자체는 여전히 합법으로 남아 있다가 1833년에 노예폐지법이 의회에서 통과했다. 미국의 경우 노예제도 문제가 식민지 문제와 연결된 것이 아니라 국내의 갈등 양상으로 나타났다. 미국 남부의 대농장주들 사이에는 노예제도 존속을 원하는 정서가 강했고, 당시 연방헌법도 노예 문제는 각 주의 자율에 맡기고 있었다. 그러나 미국 내에서 노예제도를 둘러싼 긴장이 고조되면서 산업 중심의 북부와 농업 중심의 남부 사이의 갈등이 깊어졌다. 1860년 링컨이 대통령으로 선출되자 갈등은 더욱 심해졌고, 1861년 남부가 연방에서 탈퇴하면서 남북전쟁이 일어난다. 이후 북부의 승리로 전쟁이 끝나면서 1865년 수정헌법 제13조에 노예해방을 명시하게 된다.

그러나 남북전쟁을 끝으로 노예해방 운동이 완벽한 결말에 이르지는 못한다. 남북전쟁 이후에도 노예제도 폐지를 주장한 북부와 달리 남부는 노예제도가 계속되었다. 1877년 남부 지역에서 연방군이 철수하자 백인들은 흑인의 투표권을 박탈하고 '짐크로법'을 만들어 공공시설에서의 흑백 분리 정책을 시행한다.

짐크로법은 '공공시설에서 백인과 유색인종의 분리'를 정당화한 법으로, '짐 크로'는 1830년대 미국 코미디 뮤지컬에서 백인 배우가 연기해 유명해진 바보 흑인 캐릭터 이름에서 따온 것으로 흑인을 경멸하는 의미로 사용되었다. 특히 이 법에 근거해 1896년 미국 연방법원은 "분리하되 평등하다."라는 판결문으로 유명한 '플레시 대 퍼거슨 사건'에서 합헌 판결을 내린 것으로 알려져 있다.

당시 많은 주에서 흑인과 백인을 분리하는 학교 제도를 두었으며, 흑인 전용 술집이 따로 있었다. 버스도 흑인 전용 좌석을 따로 두었고, 미국의 인기 스포츠인 프로야구도 흑인은 메이저리그가 아닌 니그로리그에서 뛰었다.

이런 악명 높은 짐크로법도 1954년 공립학교에서의 인종 분리 교육이 위헌이라고 결정한 연방대법원의 '브라운 대 교육위원회 사건'을 통해 전환의 계기를 맞는다.

캔자스주의 토피카 시에 사는 흑인 용접공 올리버 브라운의 딸 린다 브라운은 매일 아침 버스를 타고 학교에 가야 했다. 근처에는 걸어서 등교할 수 있는 학교가 있었지만 린다가 흑인이라는 이유로 당시 백인 전용 초등학교의 입학을 거부당한 것이다. 이에 올리버 브라운은 같은 흑인 부모들과 함께 교육위원회를 상대로 소송을 제기한다.

이전까지는 '분리하되 평등'하면 된다는 법원의 판결에 근거해서 피부색을 이유로 분리 교육을 하더라도 제공되는 교육시설이 같다면 차별이 아니라고 보았다. 그러나 브라운 대 교육위원회 사건에서 얼 워렌 대법원장은 기존 판결을 뒤집어, 기존의 분리 교육이 위헌이라면서 다음과 같이 발표했다.

공립학교에서 인종에 기초해서 학생들을 분리하는 일은 물리적인 시설이나 다른 '유형적' 요소들이 동등하다고 할지라도 소수 집단의 아이들에게서 평등한 교육의 기회를 박탈하는 것일까요? 우리는 그렇다고 믿습니다. …… 우리는 공교육 부문에서 '분리 평등 정책' 원칙이 발을 붙일 수 없다는 결론을 내렸습니다. 분리된 교육시설은 내재적으로 평등하지 못한 시설입니다. …… 이것은 법률에 의한 평등한 보호를 거부하는 일입니다.

브라운 대 교육위원회 사건 이듬해인 1955년 미국 앨라배마주 몽고메리에서 흑인 여성 로자 파크스가 백인 승객에게 좌석을 양보하라는 버스 운전사의 요구를 거부하면서 흑인 민권운동이 본격화된다.

이 역사적인 사건은 아주 작은 일에서 시작되었다. 당시 흑백 분리 정책에 따라 버스 역시 백인 좌석은 앞쪽에, 유색인 좌석은 뒤쪽으로 분리되어 있었다. 로자는 유색인 좌석 중 맨 앞줄에 앉아 있었다. 시간이 지나면서 앞쪽의 백인 좌석은 전부 찼고, 백인 몇 명이 서 있는 것을 본 운전기사가 유색인 좌석 표시를 로자가 앉은 자리 뒤로 밀고는 중간에 앉은 흑인 몇 명에게 일어나라고 요구했다. 다른 사람(흑인)들은 일어나 뒤로 갔지만 로자는 움직이지 않았다. 이로 인해 로자는 경찰에 체포되었고, 재판에서는 법률을 위반했다는 이유로 로자에게 유죄가 선고되어 벌금 10달러와 재판 비용 4달러가 부과된다. 이를 계기로 시작된 승차 거부 운동이 흑인 민권운동의 도화선이 된다.

로자 파크스 사건 이후 흑인 민권운동이 촉발되면서 버스에서의 흑백 좌석 분리 제도가 폐지되었고, 이때부터 짐크로법은 사실상 효력을 잃는다. 이후 인종, 민족, 국가, 여성의 차별을 금지한 연방 민권법이 1964년 제정되고, 다음해에는 투표권을 인정하는 법률도 제정되면서 짐크로법은 결국 폐지된다. 이 과정에 흑인 민권 운동가인 마틴 루서 킹 목사는 전국적인 인물로 부상하고, 1960년대 미국에서 흑인 민권 신장을 요구하는 거센 물결에 획기적인 전기가 마련된다.

다음은 마틴 루서 킹 목사의 연설문 중 일부다.

때가 왔습니다. 우리는 지칠 대로 지쳤습니다. 오늘 우리는 우리를 인간 취급하지 않는 사람들에게 이 말을 하기 위해 모였습니다. 우리는 지쳤습니다. 차별당하는 것에, 모욕당하는 것에 지쳤습니다. 억압의 잔혹한 발에 짓밟히고 또 짓밟히는 것에 지쳤습니다. …… 민주주의가 무엇입니까? 권리를 위해 싸울 권리를 보장하는 것이 민주주의 아닙니까? 우리가 용기를 내어 싸운다면, 기독교적 사랑과 품위를 지켜가며 싸운다면 훗날의 역사가들은 "옛날 옛적 한 위대한 종족이 있었다. 흑인이라는 그 종족은 문명이라는 혈관에 새로운 의미와 존엄성을 불어넣었다."라고 기록할 것입니다.

1950~1960년대에 일어난 흑인 민권운동은 20세기 시민불복종 운동의 대표적인 사건이었다. 공식적으로 흑인을 차별하는 정책과 제도는 사라졌지만, 특정 인종을 혐오하고 비하하는 문화는 우

리 사회에 여전히 존재한다. 우리는 흑인 노예제도와 같은 반인권적인 과거를 혐오하고 있지만, 과연 새로운 차별의 모습을 제대로 인식하고 있는지 점검이 필요해 보인다.

여성참정권 운동과
왈가닥 유권자

'왈가닥 유권자(flapper voter)'라는 말을 들어보았는가?

오늘날 참정권, 즉 정치적 권리는 시민으로서 당연히 가지는 자연적 권리로 인식한다. 일반적으로 시민을 구분하는 기준은 정치적 권리의 유무로 구분하기도 하는데, 참정권이 주어지지 않는다는 것은 온전한 시민으로 인정하지 않는다는 의미이기도 하다. 정치적 권리의 유무는 곧 정치적 자유와 평등의 문제이기도 하다.

하지만 불과 몇십 년 전까지만 해도 여성에게는 참정권이 인정되지 않았다. 1800년대 시민혁명 초기 시민으로서의 정치적 권리를 구분하는 기준은 재산의 소유 여부였다. 이후 남성들은 정치적 권리를 인정받지만, 여성은 정치적·지적 능력이 부족하다는 이유로 가정 내에서 현모양처의 역할만 강요받을 뿐이었다. 이런 사회 분위기에서 1900년대로 넘어오면서 전통적인 여성상에도 변화의 움직임이 보이기 시작한다.

'플래퍼(flapper)'는 1920년대 서구 사회에서 자유분방한 젊은 여성을 이르는 말이었다. 기존의 전통적인 여성의 모습이 아닌, 짙은 화장에 짧은 치마, 그리고 담배를 피우는 등 새로운 모습의 여성이었다. 플랩퍼는 이들이 주로 입었던 짧은 치마가 춤추며 회전할 때 펄럭대는 모습을 빗대어 붙여진 이름이다. 이런 21~29세 여성인 '왈가닥 유권자'는 1920년대까지 영국에서는 정치적 판단력이 부족하다는 이유로 투표권을 인정받지 못했다. 1918년 국민대표법이 발의되면서 30세 이상의 여성에게 참정권이 인정되었고, 이후 1928년이 되어서야 여성도 남성과 동등한 참정권이 주어진다.

이처럼 여성참정권은 역사가 오래되지 않았다. 많은 민주주의 국가들이 1900년대가 되어서야 여성의 참정권을 인정한다. 미국도 흑인 노예의 참정권이 1870년 인정된 후 50년이 지난 1920년이 되어서야 여성들의 참정권을 인정했다. 사우디아라비아의 경우는 이슬람 율법에 따라 여성들의 정치참여를 엄격히 금지하다가 2015년에야 비로소 참정권을 부여했다. 이는 1893년 뉴질랜드에서 처음으로 여성에게 참정권이 부여된 후 122년 만이다.

영국은 여성참정권 운동이 가장 강력하게 전개된 국가다. 1913년 6월 14일, 에밀리 데이비슨이라는 여성이 참정권을 주장하며 경마장의 달리는 말에 뛰어들어 사망하는 사건이 발생한다. 에밀리는 여성참정권 운동을 펼친 여성사회정치연합의 회원이었다. 이 단체의 회원들은 여성참정권을 반대하는 각료들의 차에 돌을 던지고 의회의 창문을 부수는 등 과격한 행동으로 여러 차례 체포

되었다. 감옥에 투옥된 뒤에도 신념을 굽히지 않고 단식투쟁을 하다가 강제로 음식을 주입당하기도 했다.

당시 여성사회정치연합의 여성들을 서프러제트(suffragette)라고 불렀다. 서프러제트는 20세기 초 영국에서 참정권 운동을 벌인 여성들을 가리키는 용어로, suffrage(투표권)에 여성을 뜻하는 접미사 '-ette'를 붙인 말이다. 본래는 여성참정권 운동가 에멀린 팽크허스트가 1903년에 결성한 이 단체를 경멸조로 표현한 말이었으나 이후 영국 사회에서 통용되었다. 팽크허스트와 여성사회정치연합은 여성의 참정권이 받아들여지지 않자 과격하고 비합법적인 방법을 사용했는데, 그 과정에서 에밀리 데이비슨이 죽는 사고가 발생한 것이다. 당시 보수적인 영국 사회는 에밀리 데이비슨의 죽음보다 기수와 말의 건강을 걱정할 정도였으며 에밀리를 마녀로 묘사하기도 했다.

에밀리 데이비슨이 죽은 다음 해인 1914년 제1차 세계대전이 일어나면서 새로운 국면이 전개된다. 남성들이 전쟁에 나가 싸우는 동안 여성들은 공장에서 무기를 생산했고, 그 과정에서 국가적인 필요와 사회적 변화가 기존의 여성에 대한 인식에 변화를 가져온다. 1918년에 전쟁이 끝난 후 이들의 공헌에 대한 보상을 주자는 의견이 제기되고, 이에 영국 의회가 국민대표법을 제정함으로써 21세 이상의 남성과 함께 재산이 있는 30세 이상의 여성도 선거권을 갖게 된다.

이 결과 약 600만 명의 여성 유권자가 선거권을 행사할 수 있었지만, 당시 550만 명에 달했던 21~29세의 젊은 여성들은 '왈가닥 유권자'라는 낙인으로 선거권에서 제외된다. 다행히 당시 집권당인 보수당은 젊은 여성들도 정치적·지적 능력이 있으며 보수당에도 해가 되지 않는다는 점을 깨닫고, 10년 후인 1928년 국민평등선거법을 통해 21~29세의 여성에게도 선거권을 부여한다. 이로써 '왈가닥 유권자'라는 낙인은 사라졌다.

한국 사회도 2019년 공직선거법을 개정해 유권자 연령을 18세로 낮춘 바 있다. 당시 18세의 청소년은 정치적 판단 능력이 부족하다는 이유로 반대 의견이 만만치 않았다. 영국의 1920년대 '왈가닥 유권자'의 사례와 비슷해 보인다. 이제 한국 사회에서도 18세의 청소년은 왈가닥 유권자가 아닌 정치적 권리를 지닌 동등한 정치적 시민이 되었다.

홀로코스트와
인권의 보편 선언

1938년 11월 9일 밤, 독일 전역에서 나치 당원들이 유대인 상점과 유대교 사원을 공격하는 사건이 발생한다. 당시 유대인 상점의 깨진 유리창 파편들이 반짝거리는 모습을 보고 '수정의 밤'이라는 이름이 붙는다. 이 사건은 나치에 의한 유대인 박해의 분수령이 되는데, 1933년 히틀러가 독일의 권력을 장악한 후 유대인을 대상으로 한 이 사건은 인종청소라는 이름으로 독일 전역에서 파도처럼 일어났다. 수정의 밤 사건 이후 베를린에 살던 수천 명의 유대인이 베를린시 북쪽의 작센하우젠 수용소로 끌려가 수용되었으며, 이곳에서는 유대인 외에도 독일 나치를 반대하는 이들이나 동성애자, 집시 등 수천 명이 강제노동과 신체 실험에 의해 목숨을 잃었다.

당시 유럽에서 발생한 유대인 대량학살을 홀로코스트라고 부른다. 이 용어는 보통 인간이나 동물을 대량학살하는 의미로 사용되었지만, 제2차 세계대전 이후 나치가 행한 유대인 대학살을 의미하는 고유명사가 되었다. 제2차 세계대전 동안 가장 큰 유대인 수용소는 폴란드에 있었는데, 1940년에 문을 연 이 수용소의 이름은 그 유명한 아우슈비츠다. 이곳에서는 4년 반 동안 100만 명 이상의 유대인이 인종청소라는 이름으로 목숨을 잃었다. 수용소의 정문에는 "노동이 너희를 자유롭게 하리라."라고 적혀 있었다. 이 문을 통해 수용소로 들어간 유대인들은 죽음 이전에는 자유란 없었다. 홀로코스트는 인간의 광기가 어디까지 이를 수 있는지를 극단적으로 보여주는 사건이었다.

　독일의 패망 후 국제사회는 인류의 비극이 다시 일어나는 것을 막기 위해 1946년 유엔 인권위원회를 만든다. 그리고 인권위원회의 위원장으로 미국 프랭클린 루스벨트 대통령의 부인인 엘리너 루스벨트를 지명한다. 그녀는 영부인이라는 지위 때문에 위원장이 된 것이 아니라 당시 국제사회에서 인권 옹호자로서 대중적인 지지를 받고 있었다. 위원회는 준비 과정을 거쳐 1947년 미국 뉴욕 근처의 석세스 호수 옆에 있는, 비행기 부품을 생산하던 공장 건물에서 18개국 대표들이 모여 최초의 인권위원회 총회를 소집한다. 엘리너 루스벨트 외에 부위원장으로 중국의 장펑춘, 보고관으로 레바논의 찰스 말릭을 임명한다. 이외에도 프랑스 대표로 르네 카생, 칠레 외교관 산타크루즈, 소련 블라디미르 코레츠키, 영국 대표 제프리 윌슨 등이 참석했다. 위원회는 철학자, 외교관, 이론학자를 비롯해 다양한 인물로 구성되었다.

　선언문의 초안은 여러 차례에 걸쳐 철저하게 검토되었다. 당시

선언문의 내용을 두고 1,400번이나 투표했고, 그 과정에서 이슬람 국가들은 부부관계와 관련된 조항과 종교에 관한 조항을 반대했으며, 서방 국가들은 경제·사회·문화적 권리에 관한 조항을 삽입하는 것을 반대했다. 장펑춘은 선언이 서구 중심의 사고에서 벗어나 진정한 의미의 인권의 보편 선언이 되도록 하는 데 중요한 역할을 했다. 그는 서구 중심의 자연법적 사고 혹은 천부인권의 관점에서 더 나아가 동양의 유교적 개념에서 가져온 인본주의 개념이 선언문을 포함될 수 있도록 노력했다.

선언문은 여러 차례 논의 과정을 거쳐 1948년 12월 10일 유엔 총회에 제출되어 투표에 부쳐졌다. 당시 국제사회는 인권선언문의 필요성에 공감했으나 일부 국가가 반대표를 던질 가능성 때문에 선언문 작성에 참여한 대표들은 긴장할 수밖에 없었다. 투표 결과 선언문은 찬성 48표, 기권 8표로 반대표 없이 만장일치로 최종 통과되었다.

본래 세계인권선언문의 영문명은 '인권의 보편 선언'을 의미하는 'Universal Delaration of Human Rights'다. '보편'이란 '모든 것에 두루 미치거나 통함'이라는 의미를 지닌다. 따라서 '보편 인권'은 '모든 사람에게 두루 미치는 인권' 정도가 될 것이다. 앞서 이야기한 것처럼 인권의 역사는 인권의 대상과 내용이 풍부해지는 과정을 의미한다. 인권의 역사에서 시민혁명을 통해 탄생한 인권 관련 문헌들을 보면 당시의 인권은 모든 사람에게 두루 미치는 보편 인권으로 나아가지는 못했다. 그런 의미에서 세계인권선언문은 보편 인권이 모습을 갖추는 데 중요한 의미를 지닌다.

선언문 제1조는 "모든 인간은 태어날 때부터 자유로우며 그 존엄과 권리에 있어 동등하다. 인간은 천부적으로 이성과 양심을 부여받았으며 서로 형제애의 정신으로 행동해야 한다."라고 선언하고 있다. 선언문을 작성하는 과정에서 미국 독립선언문의 영향을 받아 '모든 인간(men)은 평등하다.'라고 규정하자는 의견이 있었다. 하지만 당시 인도의 대표로 참가한 한사 메타에 의해 'men'은 남성만을 뜻해 인간이라는 말로 들리지 않는다는 지적에 따라 'human'으로 변경한다. 또한 해당 조항을 '모든 인간은 평등하게 창조되었다.'라고 규정하자는 의견도 있었다. 하지만 '창조'라는 단어가 신을 믿지 않는 사람의 자유를 보장하기 위해 '모든 사람은 태어날 때부터'로 변경했다.

당시 엘리너 루스벨트는 유엔 총회장에서 선언문 채택과 더불어 다음과 같이 연설한다.

우리는 오늘 출발점에 서 있습니다. 유엔의 역사와 인류의 역사상 위대한 출발점입니다. 세계인권선언은 전 세계에 살고 있는 모든 사람을 위한 대헌장이 될 것입니다.

1789년 프랑스혁명 등 근대 시민혁명이 자연법으로서의 인권을 선언하면서 인권의 시대를 열었다면, 150년이 지난 1948년 세계인권선언문은 보편 인권을 향한 국제사회의 선언이었다.

인권은 진화한다
3세대 인권

1948년 '인권의 보편 선언' 발표 이후에도 국지적인 전쟁은 여전히 일어나고 있으며, 빈곤 국가들은 절대적 빈곤과 함께 심각한 기아 문제를 겪고 있다. 자연환경의 파괴 문제는 산업화 이후 점점 더 심각해지고 있으며, 그중 지구온난화는 인류가 직면한 위기로 인식된 지 오래다. 하지만 인류가 처한 위기들은 개별 국가의 행동만으로는 한계가 있다. 이에 따라 국제적 연대를 목적으로 하는 3세대 인권이 등장하게 된다.

프랑스 법학자 카렐 바작은 1세대 인권으로 자유, 2세대 인권으로 평등, 3세대 인권으로 우애(박애)를 들며 3세대 인권론을 제안했다. 이는 프랑스혁명의 상징이었던 지금의 프랑스 국기에서 아이디어를 얻은 것이다. 프랑스 국기를 흔히 삼색기(파란색, 흰색, 붉은색)라고 부르는데, 각각의 색은 순서대로 프랑스혁명의 이념을 상징하는 자유, 평등, 우애 정신을 상징한다.

1세대 인권은 자유권 규약 혹은 B규약이라 부른다. 불법적이며 자의적인 국가권력으로부터 개인을 보호하고, 더 나아가 능동적으로 정치에 참여하기 위한 권리로서 시민적·정치적 권리라고 한다. 이 권리는 소극적 권리를 의미한다. 즉 국가가 하지 말아야 할 것들을 정해 놓은 것이다. 그래서 이것은 개인의 입장에서는 '국가로부터의 자유'의 의미를 가진다. 시민적·정치적 권리에 관한 국제규약은 전문과 53개 조항으로 이루어져 있다. 일부를 소개하면 이렇다.

- 생명권/신체의 자유와 안전을 누릴 권리
- 차별받지 않고 법의 평등한 보호를 받을 권리/남녀에게 동등한 권리를 보장
- 고문과 잔혹하거나 비인도적·모욕적인 취급, 형벌을 받지 않을 권리
- 양심과 사상 및 종교의 자유/표현의 자유/집회와 결사의 자유
- 사생활 및 개인정보, 가족생활을 존중받을 권리
- 정치활동을 할 권리
- 적법절차에 따라 공정한 재판을 받을 권리/무죄 추정의 원칙

2세대 인권은 사회권 규약(A규약)이다. 이 권리는 경제적·사회적·문화적 권리로서, 실질적 평등의 가치에 근거해서 국가에 적극적인 역할을 요구하는 권리다. 그래서 이 권리는 '국가에 의한 자유(권리)'의 의미를 가진다. '경제적·사회적·문화적 권리

에 관한 국제규약'은 전문과 본문 31개 조로 이루어져 있다. 일부를 소개하면 이렇다.

- 자유로운 선택과 수락에 따른 노동을 할 권리
- 차별받지 않고 동일 노동에 대한 동등한 보수를 받을 권리
- 공정하고 쾌적한 노동 조건에 대한 권리/연소자 노동 보호
- 근로시간의 합리적 제한, 정기적 유급 휴일을 포함한 휴식과 여가를 가질 권리
- 노동조합을 결성하고 가입하며 자유롭게 활동할 권리(노동자의 단결권)
- 노동쟁의권과 파업권
- 사회보험을 포함한 사회보장에 대한 권리
- 가정의 보호 및 지원에 관한 권리/적절한 생활수준을 영위할 권리
- 가능한 최상의 신체 및 정신 건강을 영위할 권리
- 교육받을 권리/문화를 향유할 권리

3세대 인권은 연대의 권리다. 인류는 20세기로 넘어오면서 국제사회의 연대가 필요한 문제들에 직면했다. 국가 간의 빈부 격차 문제, 전쟁과 군비 경쟁 외에도 환경과 생태계 문제까지 국제적인 연대가 필요한 과제가 증가했다. 특히 연대권은 서구의 식민지였던 제3세계 국가와 선주민들의 생존과 발전의 권리에 주목한다.

이처럼 연대의 권리는 국가 내의 인권 문제에만 한정하는 것이 아니라 국경을 초월해서 전 지구적 인권 문제에 관심을 가진다. 그래서 3세대 인권의 내용은 아직까지 현재진행형이다. 그중 일부를 소개하면 이렇다.

- 정치적 · 경제적 · 사회적 · 문화적 자결을 향유할 권리
- 경제적 · 사회적 발전을 향유할 권리
- 자신의 발전에 유리한 환경에 대한 권리
- 안정적이고 결집력 있는 사회에서 살 권리
- 오염되지 않은 깨끗한 물과 공기, 식량에 대한 권리
- 평화를 향유할 권리
- 인류 공동 유산으로부터 이익을 얻고 그에 참가할 권리
- 인도적 원조를 요구할 수 있는 권리
- 과거와 미래의 인권침해 문제를 연계해서 다루는 세대 간의 권리

이처럼 인권의 개념은 '국가로부터의 자유'에서 시작해서 국가와 국제사회의 적극적인 역할을 요구하는 모습으로, 그리고 법의 영역을 넘어 사회, 문화, 환경 등 다양한 영역으로 범위가 확장되었다. 이른바 인권의 진화라고 할 만하다. 그리고 현재는 3세대 인권론을 통해 프랑스혁명 당시 외쳤던 자유, 평등, 우애의 정신 중 우애에 해당하는 연대권까지 이르렀다.

인권의 역사를 보면 개인의 용기 있는 행동이 인권의 대전환 혹은 진화를 가져오는 계기가 되었다. 하지만 이는 개인의 너무나 큰 희생을 요구한다. 그리고 인권 문제는 내가 속한 집단 혹은 내가 속한 국가만의 문제가 아니다. 인종을 초월한 우애와 국경을 초월한 연대가 필요하다.

<<< 그리고 지금 이 순간

인권의 역사를 보면 인권의 진보는 한순간 어느 하나의 큰 사건이 계기가 되어 한 발 전진하기도 하지만, 이 또한 과거부터 쌓아온 인권의 기초 위에 새로운 인권이 탄생한 것이다. 즉 새로움은 과거의 기초 위에 세워진다. 따라서 앞으로 인권이 어떻게 변화되어 나아갈 것인가 고민하는 첫 단추는 인권의 역사를 살펴보는 것부터 시작해야 한다.

인류의 역사를 보면 지금 우리는 인권의 보편성이 보장되는 '인권의 시대'에 살아가고 있다. 그럼에도 지금 이 순간 인권의 사각지대는 여전히 존재한다. 세계 여러 곳곳에서는 해결이 쉽지 않은 뿌리 깊은 인권 침해의 현장이 여전히 존재하며, 자본주의 사회에서 새로운 모습의 인권 침해가 발생하고 있다.

우리가 각자 살아가는 시간과 공간에서 소외되는 사람과 이웃은 없는지 인권의 역사를 배경 삼아 고민해보길 바란다.

이경진 _ 세종특별자치시 사회 교사이며 현재 세종시특별자치시교육청에서 특별파견 연구 교사로 근무 중이다. 한국교원대학교에서 일반사회교육과 박사과정을 수료했으며 초·중등학교 교원의 교육권에 관한 박사 논문을 준비하고 있다. 한국사회교과교육학회·한국법과인권교육학회·대한교육법학회의 회원으로 활동하며 사회과교육과 인권교육 그리고 교육법에 관하여 꾸준히 연구하고 있다.

2장

여전히 불편한 성인권

여성과 남성은
평등한가

당사국은 여성에 대한 모든 형태의 차별을 규탄하고 여성에
대한 차별을 철폐하기 위한 정책을 모든 적절한 수단을 통해
지체 없이 추진한다.

– 여성에 대한 모든 형태의 차별 철폐에 관한 협약(CEDAW) 제2조

중학교 사회 수업에서 인권과 헌법에 보장된 기본권을 배운
다. 교사가 "남녀는 평등한가요?"라고 질문한다. 학생들은 냉
큼 고개를 힘차게 끄덕인다. '왜 그런 당연한 질문을 하느냐!'
하는 어리둥절한 표정이다. 초롱초롱 맑은 눈빛이 순수하고 귀
엽다.

일상 속의 차별 경험을 역할극으로 표현하라는 수행 과제를
준다. 모둠별로 진지한 고민의 시간이다. 오순도순 모여 재잘
재잘 토의한다. 학생들의 질문에 답하고 시나리오를 살피며 역

할 분담을 돕고 활동을 독려하는 것은 교사의 몫이다. 드디어 발표 날이다. 다양한 차별의 장면 끝에 마지막 모둠의 순서가 되었다. 시간 설정은 추석이다. 명절 음식을 만드는 엄마를 연기하는 여학생의 모습이 자연스럽다. 아빠 역할을 맡은 남학생은 스마트폰을 보는 척하며 능청스레 누워 있다. 점점 화가 난 엄마가 불만을 터뜨리는 장면을 열연한다. 마지못해 엄마를 돕는 아빠의 명품 연기를 지켜보던 학생들은 깔깔깔 배꼽을 잡고 웃는다. 그런데 교사인 나는 왠지 씁쓸하다.

> 모든 국민은 능력에 따라 균등하게 교육을 받을 권리를 가진다.
>
> — 헌법 제31조 제1항

학생들은 성별에 차별 없이 동일한 학교 교육과정 내에 있다. 차이는 있지만 차별은 옳지 않다고 가르친다. 내가 근무하는 중학교에서는 여학생들의 신체적 성장이 남학생들보다 더 빠르기도 하다. 학급 반장, 동아리 부장, 전교 회장 선거에 나서는 남녀의 자율성에 차이가 없다. 오히려 여학생의 적극성이 더 눈에 띄기도 한다. 그러나 학생들의 학교 밖 세상은 여전히 높은 성차별의 경계가 있다.

2024년 6월 세계경제포럼(WEF · 다보스포럼)이 국가경쟁력의 요인에서 성 격차를 분석한 성격차지수(GGI)를 발표했다. 우리나라의 GGI 점수는 0.696으로 지난해의 0.680보다 소폭(0.016) 상승했다. 1에 가까울수록 성평등이 높다는 의미다. 조사 대상 146개국 중 94위로 작년보다 상승했다. 여성 장관의 비율이 증가했기 때문이다. 그러나 분야별로 보면 경제활동과 교육 부문의 성 격차는 여전히 100위 이하 최하위권이다. 성평등 상황과 수준이 가장 높은 국가는 15년째 1위인 아이슬란드다.[1] 우리와 무엇이 다른 것일까?

한국 사회는 많은 부분에서 변화와 발전을 이루었으며, 특히 여성의 지위가 크게 향상되었다. 하지만 남녀의 역할에 대한 고정관념은 굳건하다. 돌봄과 양육은 여전히 여성의 영역이다. 최근 몇 년 사이 후배들을 보면 남성도 기꺼이 출산휴가를 쓰고 육아휴직을 한다. 그러나 훨씬 더 많은 여성이 경력 단절을 경험한다.

한국경제연구원의 조사 결과 우리나라 여성들이 20대에 취업한 후 30대에 경력이 단절되는 현상이 경제협력개발기구(OECD) 회원국들에 비해 여전히 도드라지는 것으로 나타났다. 한국 여성 고용률은 'M' 자형 곡선을 그린다. 25~29세 여성 고용률이 최고점을 찍은 뒤 30대에 접어들며 급격하게 낮아진다. 그러다 40대 들어 다시 높아진 고용률은 50~54세(68.0%) 이후 하락세를 보인다. 반면 미국·일본·독일·영국·프랑스 등 주요 선진국 5개 국가(G5)의 여성 고용률은 20대부터 40대까지 증가 추세를 보이다가 50대에 감소하기 시작하는 '포물선(∩)' 모양이다. 통계청 자료에 따르면 비경제활동인구조사에서 경제활동에 참여하지 않는 여성의 65.0%는 "육아와 가사가 부담된다."라고 밝혔다. 한국

여성들은 30대 문턱에서 육아와 일자리 사이에서 고민하다가 경력 단절을 경험하는 것이다.[2]

인류학자 마거릿 미드는 1931년부터 3년간 파푸아뉴기니 지역에 사는 아라페시, 문두구머, 챔블리 부족을 관찰했다. 세 부족의 남성과 여성이 가진 역할은 각기 달랐다. 아라페시 부족 사람들은 남녀 모두 경쟁이나 공격을 싫어하고 가정적이었다. 문두구머 부족 사람들은 남녀 모두 공격적이며 경쟁을 좋아했다. 챔블리 부족의 여성은 지배적이며 추진력이 강했고 남성은 책임감이 약하고 의존적이었다. 마거릿 미드는 연구 결과를 바탕으로 성별에 따른 역할은 태어날 때부터 정해진 것이 아니라 성장하면서 얻는 것이라는 결론을 내렸다. 우리 사회의 남성과 여성의 역할은 어떤가?

이분법적 성역할의 학습과 사회구조적 미디어 속의 성차별에 문제가 있다. 유아와 초등학생이 보는 그림책과 교육 영상 중 상당수에는 아직도 전통적인 성역할이 스며들어 있다. 남성 캐릭터 수가 여성 캐릭터의 수보다 많다. 주인공은 주로 남성이다. 여성은 감정적이며 사랑스럽고 착하게 묘사된다. 반면에 남성은 적극적이고 용감하며 힘이 센 모습이다. 여성은 어려움에 빠지면 두려워하거나 슬퍼하며 마음의 동요를 일으키지만, 남성은 화를 내거나 불쾌해하며 해결사로 나선다.

대중매체가 청소년에게 제공하는 성에 대한 이분법적 이미지 역시 성역할 학습에 큰 영향을 준다. 강하며 주도적인 남성이 여자들의 사랑을 차지한다. 상대방의 생각을 묻지도 않고 일방적으로 고백한다. 벽에 밀어붙이거나 싫다는데도 손을 잡아끌어 데려가는 장면이 대수롭지 않게 나온다. 여성을 거칠게 대하는 모습을 남성적인 특성으로 미화한다. 일상적이고 자연스러운 폭력 장면에 성폭력 인지 감수성이 둔해진다.

우리 사회는 여성을 어떻게 바라보는가? 사회의 시선이 집단의 사회적 정체성을 형성한다. 구성원들이 어떤 고정관념을 내면화하느냐에 따라 잠재력을 일깨우거나 아예 소멸시킬 수 있다. 흔히 사회 변화에 가장 둔감한 곳이 학교라고 한다. 나 역시 내게 내면화된 잘못된 성역할 고정관념으로 학생들을 가르치고 있는 것은 아닌지 돌이켜본다. 성역할에서 벗어난 자기다움이 필요하다.

성적 자기
결정권

> 모든 국민은 인간으로서의 존엄과 가치를 가지며, 행복을 추구
> 할 권리를 가진다. 국가는 개인이 가지는 불가침의 인권을 확인
> 하고 이를 보장할 의무를 진다.　　　　　　　　－ 헌법 제10조

성적 자기 결정권에 대해 생각해본 적 있는가?

인간은 누구나 국가나 타인의 간섭과 강요 없이 자율적으로 자신의 삶을 살아가는 주체다. 주체적인 삶을 살아가기 위해 우리는 수많은 선택을 한다. 사랑, 연애, 결혼, 임신, 출산, 성행위 여부 등 성(性)과 관련된 모든 것을 스스로 결정할 권리를 성적 자기 결정권이라고 한다.

성적 자기 결정권은 행복추구권에서 도출된다. 인간이라면 누구나 동등하게 가진다. 불가침의 천부인권이다. 나이와 성별 그리고 배우자의 유무에 상관없이 모든 사람이 가진다. 원하지 않는 성관계를 하지 않을 수 있는 권리, 원하지 않는 임신을 막도록 피임에

대해 정확히 알 권리, 강압적인 성적 요구에 대처하고 보호 도움을 청할 권리 등을 포함한다.

상대의 동의가 있으면 일반 성범죄는 처벌하지 않는다. 그러나 피해자의 동의 여부만 판결의 중심이 되어서는 안 된다. 성적 자기 결정권에 대한 편협한 해석으로 가해자에게 면죄부를 주어서는 안 되기 때문이다. 다음의 상황에서 생각해보자.

외딴곳이다. 여성이 남성에게 강간당할 위험에 처했다. 죽을힘을 다해 발버둥치며 도망가지만 결국 빠져나가기 어렵다. 무작정 강간당했다가 임신이라도 하게 되면 더 큰일이다. 차라리 콘돔을 사용하자고 말한다. 가해자는 콘돔을 가져와 성관계를 한다. 이후 성폭력을 신고했다. 이 경우는 강간일까? 콘돔을 쓰자고 먼저 말했으니 성관계에 대한 동의로 무죄일까? 끝까지 거부하지 못한 것이 곧 동의일 수 없다. 애당초 여성을 외딴곳으로 끌고 간 가해자의 잘못이다.

– 《모두를 위한 성평등 공부》, 이나영 외 5인, 가나출판사, 2020.

강간 사건은 피고인과 피해자의 1대1 상황에서 발생되는 것이 대부분이다. 증거나 목격자의 발견이 어렵기 때문에 사실 인정의 유무 판단이 쉽지 않다. 따라서 피해자의 진의에 의한 승낙 여부를 판단하기 위해서는 당시의 정황 등을 면밀히 검토해야 한다.[3]

성적 자기 결정권은 성관계의 동의와 거부에 대해 선택할 권리만을 의미하지 않는다. 상호 간의 성적 자기 결정권 존중이 반드시 전제되어야 한다. 동의 또는 거부 의사를 자유롭게 결정해서 표현할 수 있어야 한다. 피해자의 동의를 무조건 합의로 보아서는 안 된다. 강제적으로 동의할 수밖에 없는 권력관계와 상황 맥락에 대한 고려가 절실하다.

사람 간에 적정한 안전거리는 어느 정도일까? 우리가 맺고 있는 수많은 인간관계의 거리는 과연 안전한가? 모르는 누군가가 성큼 다가와 "손잡을까?"라고 묻는다면 한 치의 망설임 없이 딱 잘라 "싫다."라고 할 것이다. 그러나 상대가 나에게 영향력을 미칠 수 있는 위력 있는 사람일 때는 쉽게 거절하기 어렵다. 가까운 사이일수록 물리적 폭력이 사용되지 않는 경우도 많다. 서로에 대한 앎이 곧 위력이다. 싫지만 거부하기 어렵다.

미국의 인류학자 에드워드 홀은 "사람은 누구나 일정한 공간이 필요하며 타인이 그 속으로 들어오는 경우 긴장과 위협을 느낀다."라고 하면서, 타인과의 거리를 네 가지로 유형화했다.

첫째, 대개 4미터 이상이 되는 공식 석상의 강연 정도로 공적인 거리다. 둘째, 2~4미터 정도로, 직장에서 업무를 위해 유지하며 불특정다수와 대화하기 편한 사회적 거리다. 셋째, 약 120센티미터 정도로, 일상생활 속에서 무언가 물어보려고 다가오는 낯선 사람들과의 개인적 거리다. 넷째, 0~50센티미터 정도로, 귓속말·포옹·키스 등을 하기 위한 배우자나 자녀와 같이 아주 가까운 사람만 접근 가능한 친밀함의 거리다. 타인과의 안전거리는 인종,

성별, 연령에 따라 차이가 나며 친밀도와 관계 유형 등에 따라 변한다.

5살 된 아들을 데리고 비뇨기과에 간 적이 있었다. 비뇨기과의 진료는 아들도 나도 처음이었다. 담당 전문의가 "선생님이 아픈 부위를 좀 봐도 되겠니? 손은 깨끗이 씻었어. 바지와 팬티를 내려주면 조심히 관찰해볼게."라고 정중하게 아이의 동의를 구하는 모습이 매우 인상적이었다. 아들은 머뭇거렸지만 "네." 하고 대답했고, 선생님은 "오늘처럼 팬티를 내리는 건 아픈 부분을 치료하기 위한 특별한 경우야. 다른 사람이 요청하면 허락해주지 않아도 된다."라고 덧붙였다. 아들은 더 씩씩하게 "네!"라고 대답했다.

사회적 거리를 넘어서는 행위를 하고 싶을 때는 반드시 상대방을 존중하는 동의를 구해야 한다. 아무리 친밀한 사이의 연인, 부부, 부모와 자식 사이에도 "안아도 될까?"를 물어야 한다. 상대방의 자유로운 결정을 인정해야 한다. 허락 없이 내 안전거리의 경계를 침해당할 때 "싫어."라며 거절할 권리가 있다. 상대방의 거절을 흔쾌히 받아들일 수 있는 것이 성적 자기 결정권에 대한 존중과 책임이다.

사회적 경계 침해의 피해자는 주로 상대적으로 힘이 없는 여성이거나 어린 경우가 많다. 상대의 "아니오."를 "아니오."로 받아들이지 않을 때 폭력은 발생한다. 침묵 역시 거절이다. "좋아요만이 좋아요."라는 교육(Yes Means Yes Rule)이 필요하다.

안전한 관계를 맺기 위해서는 상대방과의 경계를 존중해야 한다. 상대방에게도 성적 자기 결정권이 있다는 것을 알아야 한다. 아는 것은 실천해야 한다. 인권은 인간 공동체를 전제로 하는 개념이다. 성 인권도 마찬가지다.

우리는 모두 성으로 인한 차별과 폭력을 받지 않을 권리가 있다. 동시에 성으로 인한 차별과 폭력을 가하지 않아야 할 의무가 있다. 모두가 안전하고 평등한 성적 자기 결정권을 누릴 수 있는 사회적 환경과 보호가 필요하다. 성적 자기 결정권을 침해받았을 때 피해자가 부끄러워하고 죄책감을 느낄 이유는 없다. 잘못은 가해자에게 있다. 주위에 믿을 만한 사람에게 도움을 청하고 문제를 해결해야 한다. 이것 역시 성적 자기 결정권의 행사다. 왜 피해자가 되는가를 궁금해하기보다는 어떻게 가해자를 벌할 것인가를 고민해야 한다. 개인의 자기결정권 관점에서 자유를 침해하는 행위는 처벌해야 한다.

성적 자기 결정권을 얼마나 이해하고 있는가? 한국여성민우회에서 만든 자기 진단 테스트로 진단해보자.

성적 자기 결정권 자기 진단 테스트

문항	예	아니오
좋아하다가도 싫어지는 감정이 생길 수 있다는 걸 인정하고 받아들일 수 있다.	□	□
나는 나의 성적 욕망이나 지식에 대해 상대에게 표현할 수 있다.	□	□
상대에게 화났을 때, 고마울 때 나의 감정을 상대에게 표현할 수 있다.	□	□

상대가 어떻게 반응할지 걱정되더라도 감정을 감추거나 왜곡하지 않는다.	□	□
상대의 일방적인 요구에 대해 '부당함'을 이야기할 수 있다.	□	□
나는 원하지만 상대가 싫다고 하면 강요하지 않고 상대의 의사를 존중한다.	□	□
나는 여전히 좋아하는데 상대는 헤어지려 할 때, 억지로 붙잡지 않는다.	□	□
나는 나의 성적인 욕망에 대해 그대로 인정한다.	□	□
나는 나에게 맞는 안전한 피임법에 대해 알고 있다.	□	□
성적 욕망이 생기면 나름대로 해소할 수 있는 방법을 알고 있다.	□	□
성관계 의사 없이도 상대와 여행을 함께할 수 있다.	□	□
내 감정과 느낌이 소중한 만큼 상대를 충분히 고려할 수 있다.	□	□
상대의 감정을 통제하기 위해 내 감정을 과장, 왜곡 표현하지 않는다.	□	□
합의된 신체적 접촉(예, 키스)을 하는 중에 내 마음대로 다른 행동을 하지 않는다.	□	□
상대의 신체적 접촉에 대한 제안을 내가 원하지 않을 경우에는 거절할 수 있다.	□	□
연애하고 싶은 사람이 생길 때, 상대에게 제안해볼 수 있다.	□	□
나는 사람을 사귈 때 '이 사람은 내 거다.'라는 생각을 우선하지 않는다.	□	□
내가 고백했을 때 상대가 관심 없다고 말해도 자존심 상하지만 받아들일 수 있다.	□	□
상대가 취해서 정신없을 때를 기회로 평소에 원했던 접촉을 시도하지는 않는다.	□	□
성적으로 끌리는 대상이 있으면, 상대방의 동의를 구하면서 성관계를 제안할 수 있다.	□	□

(진단 결과 해석 방법)

'예' 개수가 17개 이상: 잘하고 있어요. 올바른 일상을 주변 사람과 나누어 보아요.

'예' 개수가 14~16개까지: 이해하고 있어요. 앞으로도 쭉 생각과 행동이 일치하게.

'예' 개수가 13개 이하: 스스로에 대한 성찰과 성적 자기 결정권에 대한 이해의 노력이 필요해요.

미성년자의 의제강간죄는
합헌

미성년자의 성적 자기 결정권은 보호되고 있는가?

2024년 경찰청 자료에 따르면 미성년자 의제강간 범죄가 최근 5년 동안 10배 가까운 수준으로 급증했다.[4] 10대 초·중반의 아동과 청소년이 성적 먹잇감이다. 이를 처벌하기 위한 형법 제305조 미성년자 의제강간죄를 살펴보자.

의제강간의 요점은 미성년자의 경우 강제적으로 이루어진 강간이 아니더라도 강간으로 취급한다는 것으로, 상대방의 나이가 13세 미만 또는 13세 이상 16세 미만이라는 점을 알고 성관계를 맺으면 동의 여부와 관계없이 범죄가 성립한다. 가해자가 성인인 경우로 한정해 강간죄와 동일한 법정형으로 처벌한다. 미성년자의 성적 정체성과 가치관을 형성할 권익을 특별히 보호하기 위함이다. 미성년자는 실제로 성적 자기 결정권을 온전히 행사하기 어렵기 때문이다.

기존 미성년자 의제강간죄는 피해자가 13세 미만인 경우에만 적용되었다. 우리 사회를 충격 속에 빠뜨린 'N번방 성 착취물 제작 및 유포 사건' 사건이 발생했다. 사이버 성범죄로 인한 미성년자 피해가 급증하며 국민적인 관심이 고조되었다. 이에 2020년 5월에 형법이 개정되어 보호 대상의 범위가 13~16세로 확대되었다. 19세 이상 성인이 13세 미만 경우는 물론 13세 이상 16세 미만의 미성년자에게 간음이나 추행을 한 경우 상대 동의 여부와 상관없이 강간·유사강간·강제추행으로 간주(의제)해 처벌한다.

그러나 미성년자 의제강간 범행에 대한 처벌 수위는 여전히 매우 낮다.[5]

A씨는 2024년 1월 SNS를 통해 B양을 알게 되었다. B양이 12세의 미성년자임을 알고도 담배를 대신 사주겠다며 설득하여 A씨의 집에서 성관계를 했다. 재판부는 성적 자기 결정권을 올바르게 행사하기 어려운 어린 피해자를 성적 욕구의 대상으로 삼았다고 지적하면서도 범죄 전력이 없고 범행을 모두 인정하고 반성하는 점과 피해자에게 1,000만 원을 지급하고 합의하여 피해자도 피고인의 처벌을 원치 않는 점 등을 고려하여 집행유예를 선고했다. (2024.2. 서울남부지법 형사합의 12부)

아동과 청소년은 성적 정체성과 가치관의 형성이 부족하다. 성인의 행위가 성적 학대나 착취인지 여부를 제대로 판단하지 못하고 성행위로 나아갈 가능성이 크다. 미성년자의 성적 자기 결정권은 절대적 보호의 영역이다. 무거운 사회적 비난과 강력한 처벌이 필요하다.

2024년 6월, 형법에서 미성년자 의제강간죄의 피해자 연령 기준이 13세에서 16세로 상향된 후 첫 헌법재판소 심판이 나왔다. 15세의 피해자를 간음해서 기소된 A씨가 해당 조항이 과잉 금지의 원칙을 위반해 성적 자기 결정권 및 사생활의 비밀과 자유를 침해한다고 주장한 것이다. 헌법재판소의 결정은 다음과 같다.

최근 13세 이상 16세 미만의 청소년을 대상으로 한 성범죄의 비중이 급속히 증가하고 있고, 계획적으로 청소년에게 접근하여 자연스러운 이성교제인 것처럼 환심을 산 뒤에 성행위에 응하도록 하는 그루밍 성범죄도 만연하고 있다. 13세 이상 16세 미만의 사람도 13세 미만의 사람과 마찬가지로 성적 자기 결정권을 온전히 행사할 수 없고, 설령 동의에 의하여 성적 행위에 나아간 경우라 하더라도 그것은 성적 행위의 의미에 대한 불완전한 이해를 바탕으로 한 것으로 온전한 성적 자기 결정권의 행사에 의한 것이라고 평가할 수 없다는 전제에서 해당 연령의 아동·청소년의 성을 보호하고자 하는 입법적 결단이다. 13세 이상 16세 미만의 아동·청소년은 상대방의 행위가 성적 학대나 착취에 해당하는지 여부를 제대로 평가할 수 없는 상태에서 성행위에 나아갈 가능성이 높아 절대적 보호의 필요성이 있는 사람들이다. 반대로 19세 이상의 성인에게는 미성년자의 성을 보호하고 미성년자가 스스로 성적 정체성 및 가치관을 형성할 수 있도록 조력할 책임이 인정된다. 개인의 성숙도나 판단능력, 분별력을 계측할 객관적 기준과 방법이 존재하지 아니하므로 입법자로서는 가해자와 피해자의 범위를 연령에 따라 일의적·확정적으로 유형화하는 것이 불가피하다.〔헌법재판소 2024.6. 27. 2022헌바106〕

재판관 전원일치 의견으로 합헌을 선고했다. 이 결정은 13세 이상 16세 미만 미성년자의 성적 자기 결정권을 두텁게 보호하고자 하는 법익을 분명히 한 것으로 의미가 있다.

그러나 여전히 19세 미만의 자가 13세 이상 16세 미만의 사람과 합의해서 성행위를 한 경우에 대한 사회적 논의의 필요성이 남아 있다. "연령, 발달 정도 등의 차이가 크지 않은 미성년자 사이의 성행위는 심리적 장애 없이 성적 자기 결정권을 행사한 것이라 보고 이를 존중해줄 필요"가 있기 때문이다. 일본 형법은 "16세 미만인 사람과의 성행위를 처벌하되, 피해자가 13세 이상 16세 미만인 경우에는 가해자가 5세 이상 연장자인 경우에만 처벌"하도록 규정하고 있다. 미국 각 주의 형법은 "이른바 '로미오와 줄리엣법'이라고 하여, 피해자와 가해자의 연령 차이가 적은 경우에는 불처벌 또는 면책되거나 적극적 항변사유로 주장할 수 있는 등의 예외 조항"을 두고 있다. 독일 형법은 "14세 미만의 아동에 대한 성행위를 원칙적으로 처벌하되, 당사자 사이에 합의가 있었고

서로 연령·발달 단계·성숙도의 차이가 경미한 경우에는 법원이 형을 면제"할 수 있도록 규정하고 있다.[6]

우리는 10대의 성을 어떻게 바라보아야 할까?

교내 점심시간이다. 교무실 창밖으로 학생들이 재잘거리며 쉬는 모습에 미소가 번진다. 그런데 '어라?' 여학생과 남학생이 유난히 가까이 붙어 앉아 있다. 묘하게 신경이 쓰인다. 잠시 바라보았다. "어!" 두 학생의 포옹을 동시에 발견한 몇몇 교사의 당혹스러운 눈빛이 부딪힌다. 동시에 황급히 교무실 밖으로 뛰쳐나간다.

"떨어져!"

신체는 이미 성인과 같은 10대들의 연애는 불안하다. 이성교제로 인한 성적인 행동이 성행위로 이어지거나 성적 방종에 빠질 것을 매우 우려한다. 태어날 때부터 가지고 있는 당연한 성적 자기 결정권을 굳이 열심히 가르쳐주지 않는다. 쉬쉬한다. 모르는 것이 차라리 좋을 것이라 여기는 탓일까?

요즘 아동과 청소년의 성에 대한 호기심과 경험은 이전 세대와는 확연히 다르다. 그러나 자신이 어떤 성 인권을 가졌는지 어떻게 판단하고 결정해야 건강한지 정확히 배우지 못한다. 학교 학생 생활규정에 명시된 "불건전한 이성교제로 인한 풍기문란 금지"는 과연 적절한가?[7] 어른을 준비하는 시기의 10대는 몰래 이성과 교제한다.

사회적 공론 의제로서 아동과 청소년의 성적 자기 결정권 교육에 대한 논의가 필요하다. 각각의 발달 수준에 따라 어떤 성 인권

교육이 필요한지, 어떻게 가르칠 것인지 고민해야 한다. 청소년 성범죄 피해가 계속 증가하고 있다. AI 기술 환경에 익숙한 청소년들 사이에서 딥페이크 성범죄가 기승을 부린다. 아동과 청소년에게 무엇을 가르쳐야 할까?

모든 인간에게는 태어나면서부터 성적 자기 결정권이 있다. 인권과 기본권을 배우듯이 성적 자기 결정권을 배우고 이해해야 한다. 성적 행동의 선택에 따른 행복과 책임의 중요성을 알고 자신을 보호하는 방법을 실천할 수 있어야 한다. 아동과 청소년에게 성적 자기 결정권을 왜 가르쳐야 하는가? 성적 자기 결정권의 가치와 본질을 깊이 고민해야 한다.

나의 잘못이
아니다

직장 내 성범죄 피해 경험 5명 중 1명, 20여 년간 가정폭력 일삼다가 아내 살해 70대, 딥페이크 등 사이버 성폭력 피해자는 중학생이 대부분, 아동 성 착취물 수백 건 제작 30대 남성에게 징역 7년, 자성 없이 반복되는 군대 내 성폭력……. 2024년 인터넷 뉴스에 실린, 성폭력과 관련된 사건의 제목들이다. 수많은 자료에 아픔과 분노가 치민다.

성폭력이란 성을 매개로 상대방의 의사에 반해 이루어지는 모든 가해행위로 성희롱, 성추행, 성폭행 등을 모두 포괄한다. 개인의 성적 자기 결정권을 침해함으로써 개인 혹은 집단에 대해 신체적·심리적·사회적 고통을 일으키는 끔찍한 폭력 행위다. 피해자 개인의 안전과 행복을 심각하게 훼손하는 것은 물론 우리 사회 구성원 모두를 불안하게 한다.

여성가족부의 성폭력 피해자 지원사업 운영실적 보고 자료에 따르면 2023년 가정폭력과 성폭력 등 상담 건수가 역대 최다다. 33

만7천여 건 중에서 성폭력 상담이 18만여 건이다. 성폭력 가해자의 경우 직장 관계자가 3,567명(17.7%), 동급생·선후배·친구가 2,586명(12%), 친족·친인척·배우자가 2,413명(12%) 순이다.[8] 일상생활 속의 가까운 지인에게서도 발생하고 있다. 누구에게나 일어날 수 있는 일이다.

　허위영상물 등이 급속하게 확산되고 그에 따른 피해가 심각해지면서 2024년 10월에 성폭력방지 및 피해자보호 등에 관한 법률이 개정되었다. 동법 제3조 국가 등의 책무 조항에서 불법촬영물 등의 삭제지원 및 피해자의 일상회복 지원을 명시했다. 불법촬영물 등 삭제지원 주체에 지방자치단체를 추가하고, 삭제지원 대상에 피해자의 신상정보를 포함했다. 중앙과 지역의 디지털성범죄피해자지원센터의 설치·운영 법적 근거를 마련하여 불법촬영물 등 삭제지원 사업의 안정성 및 연속성을 확보했다. 그러나 이것만으로 충분한가?

　성폭력 문제는 아주 오랫동안 계속되고 있다. 법의 보호에도 불구하고 수많은 피해자가 자신을 바라보는 사회의 왜곡된 시선이 두려워 신고를 망설인다. 여전히 많은 피해자가 도망치고 자신을 드러내지 못한 채 숨어 있다. 진술 이외의 명확한 증거가 없어 상대로부터 명예훼손이나 무고죄 등으로 역고소를 당한다.

　사회는 가해자에 대한 비난이 아니라 피해자에게 관심을 가진다. "같이 즐긴 것 같은데…….", "조심했어야지." 등의 말들로 폭력의 시선과 책임을 피해자에게 돌린다. 이럴수록 피해자는 더욱 입을 닫는다.

기존의 성폭행 등을 판단하는 기준은 폭행과 협박의 정도, 사회 공동체의 건전한 상식과 관행, 선량한 풍속에 위반되는지 여부, 합리적인 피해자 관점이 중요했다. 이에 따른 판결은 성폭력 피해자의 상황과 호소를 외면해왔다는 많은 비판을 받았다.

기존의 판단 기준에서 벗어나 성폭행 사건이 발생한 맥락에서의 성차별 문제와 피해자의 특별한 사정을 충분히 고려할 필요성을 강조하는 의미 있는 판결이 있다.

법원이 성폭행 사건의 심리를 할 때 사건이 발생한 맥락에서 성차별 문제를 이해하고 양성평등을 실현할 수 있도록 성 인지 감수성을 잃지 않도록 유의해야 하며, 성폭력 피해자의 대처 양상은 피해자의 성정이나 가해자와의 관계 및 구체적인 상황에 따라 다르게 나타날 수밖에 없으므로, 구체적인 사건에서 성폭행 등의 피해자가 처해 있는 특별한 사정을 충분히 고려하지 않은 채 피해자 진술의 증명력을 가볍게 배척해서는 안 된다.〔대법원 2018. 4. 12. 2017두74702〕

2차 피해를 염려하는 피해자가 보일 수 있는 여러 태도를 충분히 고려해서 피해자 진술의 신빙성을 수용해야 한다. 숱하게 쏟아지는 성적 피해 사건과 경험은 단순히 개인의 문제가 아닌 우리 사회의 문제다. 사회 구성원 모두의 성 인지 감수성이 높아져야 성폭력 문제 해결의 원칙인 피해자 중심주의를 분명히 할 수 있다. 피해자가 조심해야 하는 것이 아니라 가해자가 되지 않도록 가르쳐야 한다. 성폭력은 피해자의 잘못이 아니다.

성폭력 등의 문제를 개인적인 문제로만 여기는 관습적인 한계에서 벗어나 사회구조적인 문제로 바라본 것이 미투운동이다. 2017년 10월 미국에서는 할리우드 유명 영화제작자인 하비 와인스틴의 성추문을 폭로하는 해시태그(#MeToo)가 소셜미디어에 달리면서 미투운동이 시작되었다. 이런 움직임이 전 세계로 퍼져나가며 여론의 힘을 결집했다. 성폭행이나 성희롱에 대한 사회적인 고발이 대중화된 것이다. 직장 및 사업체 내의 성폭행과 성희롱을 SNS를 통해 공유했다. 성폭력 문제가 성의 권력관계에서 발생하는 성적 자기 결정권의 침해라는 인식이 퍼져 나갔다.[9]

우리나라에서는 현직 검사가 2018년 1월 JTBC 〈뉴스룸〉에 출연해 당시 검사장의 성폭력 실상을 공개적으로 밝히면서 미투운동이 본격적으로 대중에게 알려졌다. 이후 각계각층의 가해자에 대한 고발이 이어졌다. 당시 한국언론진흥재단 미디어연구센터의 온라인 설문조사에 따르면 20대부터 50대까지의 88.6%가 미투(MeToo) · 위드유(With You) 운동을 지지했다.[10] 그동안 일상생활 속의 성차별과 성폭력을 경험해왔던 평범한 사람들이 함께 공감과 분노를 느꼈기 때문이다.

교육 공간에도 열기가 확산되었다. 교내의 고질적인 성희롱 · 성추행 문제를 공론화하려는 학생들의 스쿨 미투(School Me

Too)가 일었다. 피해 현황과 학교 이름을 단 해시태그(#)가 사회 관계망(SNS)을 달구었다. 학교의 미투 계정에 성희롱적 발언이 있었다는 등의 여러 제보가 익명으로 올라왔다. 당사자가 해명을 실었다. SNS뿐 아니라 학교 곳곳에 포스트잇을 붙이며 성차별적인 언어폭력을 비판했다. 스쿨 미투가 전국적인 현상이 되면서 "확인되지 않은 사실이 무차별적으로 알려진다."라는 우려의 목소리와 "터질 게 터졌다."라는 상반되는 반응이 동시에 나왔다.

어느새 시간이 많이 흘렀다. 지금은 어떤가? 우리는 여전히 위드유로 답해야 한다. 위력을 가진 가해자 중심의 관점에서 벗어나 피해자 중심의 시각에서 사건을 바라보아야 한다. 피해 당사자에게 책임을 전가하는 것은 명확한 가해다.

그렇다면 성폭력은 과연 여성만 당하는 것일까? 그렇지 않다. 국가인권위원회에서 발표한 자료에 따르면 군대 성폭력 피해를 경험한 비율이 전체의 15.4%다. 전체 가해 건수 중 피해를 입은 병사가 다시 가해를 하는 경우가 83%로 높다. 눈길을 끄는 점은 피해자의 90.7%가 사건 당시 주변 사람들이 보고 있었다고 답했다는 사실이다.[11] 군대 내의 성폭력이 공개적인 장소에서 일어나는 경우가 많다는 것은 계급문화 내의 권력을 이용해서 서열을 유지하고 남성성을 확인하는 도구로 기능한다고도 해석된다.

성폭력은 개인의 문제가 아니다. 사회구조적인 문제로 바라보아야 한다. 성의 권력관계와 일상 속의 민주화에 관한 인식의 확산이 절실하다. 성폭력이란 인간 존재의 성적 권리 침해라는 사회적인 인식의 변화와 이를 위한 지속적인 노력이 필요하다. 다양한 층위의 사건을 세심히 성찰해서 개인들이 성적 주체로 존중받지 못하는 것이 문제의 근원이라는 사실을 공유할 필요가 있다.

더 이상 자력구제에
머물러서는 안 된다

　가정폭력은 가해자가 가부장적 사고방식을 가진 경우에 발생할 확률이 높다. 어린 시절에 주로 부모로부터 정서적 학대를 받고 폭력을 습득한 경험은 반사회적이고 공격적인 행동으로 나타난다. 정서적 학대를 받은 피해자는 다시 가해자가 되어 자신보다 약한 어린이나 여성을 향한 공격적인 태도를 학습한다. 이후 학교폭력, 성폭력의 형태로 폭력을 재생산한다. 존중받지 못한 삶의 경험은 다른 사람들의 삶을 존중하지 못하기 때문이다.

　가정폭력은 매년 급증하고 있는 추세다. 한국여성의전화에서 집계한 2023년 전화 상담 통계의 대부분이 남편의 아내 폭력 사건이다.[12] 가정폭력에 시달리던 여성들은 어떻게 되었을까? 남편이나 애인에게 살해당하거나 살해될 뻔했다. 청주여자교도소에 살인죄로 수감되어 있는 164명 중 무려 81%(133명, 2006년 기준)가 남편을 죽였는데, 이들 중 82.9%가 남편에게 학대를 당한 경험이 있다.[13] 가정폭력은 피해자가 가해자를 죽이지 않으면 피해자가 죽임을 당해야만 끝이 나는 참혹한 결과를 가져온다.

그런데 법원은 이런 사건에 정당방위를 인정하지 않았다. 어떤 이유에서일까?

우리 형법 제21조 제1항에서 "자기 또는 타인의 법익에 대한 현재의 부당한 침해를 방위하기 위한 행위는 상당한 이유가 있는 때에는 벌하지 않는다."라고 규정한다. 정당방위의 요건은 네 가지다. 법익에 대한 침해의 현재성, 부당한 침해의 위법성, 위법한 침해에 대한 방위 의사, 사회상규에 비추어 상당성을 가지는 방위행위다. 이들 요건을 모두 갖출 때 위법성이 없는 자기보호를 인정해서 벌하지 않는다.

가정폭력 피해자의 정당방위가 인정된 경우는 드물다. 현재의 침해가 없거나 상당한 행위가 아니라는 이유로 부정된다. 도망치거나 이혼하지 않은 것에 책임을 물어 상당성을 부인한다. 1970년대 미국의 심리학자 르노어 워커가 제안한 '매 맞는 아내 증후군'은 가정폭력 피해 여성의 행동과 심리를 설명한다. 남편의 폭력에 시달리는 여성은 긴장 고조, 남편의 구타, 구타 중지와 화해의 악순환을 반복하며 무기력증을 학습하게 된다는 것이다.[14] 피학대 여성은 자신이 놓여 있는 폭력 상황을 통제하거나 예방할 수 없는 학습된 무력감으로 인해 폭력을 피하지 못하거나 관계를 떠날 수 없는 상태에 놓인다.

결국 가정폭력의 피해자인 아내가 가정폭력의 가해자인 남편을 살해하는 사건이 발생한다. 사회 전체가 가정폭력 범죄의 피해자를 적절히 보호하지 못한 탓이다. 매 맞는 아내에 대한 편견과 이해의 부족으로 피학대 여성을 또 다른 범죄자로 만들고 있다. 더 이상 자력구제에 머물러서는 안 된다. 가정폭력 사건에서는 폭력을 행사하는 남성과 피해 여성 간에 존재하는 압도적인 권력과 힘의 차이에 대한 충분한 고려가 필요하다.

성의 상품화와
디지털 성범죄

생각 없이 살면 사는 대로 생각한다. 생각하는 대로 살아야 한
다. 무사유, 이것이 바로 폭력이다.
— 한나 아렌트

여성의 벗은 몸을 남성 쾌락의 도구로 사용한 역사는 매우 길
다. 욕망과 목마름의 얼굴, 클로즈업된 성기, 둥글고 탄탄한 엉덩
이, 매끈한 다리로 남성의 시각적인 환상을 충족시킨다. 포르노의
생산과 소비가 표현의 자유이며 사생활의 문제일까?

카메라 렌즈가 비추는 대상에 남성의 몸은 드물다. 대부분 여성
을 대상화한다. 남성의 성적 쾌락과 재미를 충족하기 위한 도구로
사용된다. 여성의 존엄과 인격이 비하되고 불평등한 성관계를 재
생산한다. 능동적이며 폭력적인 남성의 성과 수동적이며 수줍은
여성의 성이 자연스러운 것으로 현실을 왜곡시킨다. 성의 상품화
에 주목해야 하는 이유다.

인터넷 네트워크가 보급된 1990년대 후반 디지털 성폭력 현상

이 본격적으로 발생했다. 국내외 웹사이트를 통해 여성의 몸과 성관계 영상에 접근할 수 있게 되었기 때문이다. 여성의 신체 촬영이 동의 없이 진행되고 유포되었다. 이후 실시간 스트리밍이 가능한 네트워크 환경이 빠르게 구축되었다. 웹하드, 스마트폰이 보급되면서 지하철, 공중화장실, 수영장 탈의실 등 장소를 불문한 무분별한 몰래카메라 촬영이 이어졌다. 2017년 9월 청와대 국무회의에서 '불법촬영'으로 명칭을 공식 변경했다. '몰래카메라 촬영'이라는 기존의 명칭은 '폭력'과 '호기심 어린 장난'의 경계를 흐리고 폭력을 가볍게 여겨지도록 만든다는 이유에서였다.

최근 불법 동영상의 각종 사이트와 플랫폼 공유가 더욱 가속화되고 있다. 헤어진 연인이나 배우자가 성관계 동영상을 유포하거나 유포하겠다고 협박한다. 촬영에 대한 동의가 유포에 동의한 것은 아니다. 여성이 원하지 않는 관계의 지속, 데이트폭력, 스토킹 등의 피해가 계속될 우려가 있다.

'리벤지포르노'라는 용어는 상대방의 동의 없이 사적인 복수를 위해 유포되는 성적 영상을 지칭하며 사용되었다. '포르노'라는 표현은 디지털 성폭력 피해자를 대상화한다. 합법적인 음란물에 출연한 듯한 인상을 풍긴다. '리벤지(Revenge)'는 '복수'라는 뜻이다. 피해자가 복수 당할 부당한 일을 했다는 인상을 준다. 가해자가 정당한 명분을 가진 것처럼 보이는 것이다. 두 사람의 관계에서 어떤 불미스러운 이유가 있었다고 해도 영상 유포는 위법이다. 실제로는 금전적인 이득을 노리거나 제삼자에 의해 유출되기

도 한다. 리벤지라는 표현은 적합하지 않다.[15]

디지털 성폭력이란 디지털기기 및 정보통신기술을 매개로 온라인과 오프라인 상에서 발생하는 젠더 기반 폭력을 폭넓게 지칭하는 개념이다. 이 중 성적 목적을 위한 불법촬영, 성적 촬영물의 비동의 유포, 유포 협박, 불법 합성 등이 현행법상 성범죄로 인정된다. 그러나 실제 일어나고 있는 모든 디지털 성폭력이 성범죄로 포괄되어 있지는 못하다. 지속적인 법률 제정과 개정을 통해 사각지대를 줄여나가야 한다.

디지털 성범죄는 현실세계의 성폭력과 마찬가지로 피해자의 성적 자기 결정권을 침해하는 심각한 범죄다. 동시에 건전하고 안전한 환경에서 통신 활동할 권리를 앗아간다.

2021년 12월부터 이른바 'N번방 방지법'(전기통신사업법 및 정보통신망법 개정안 등)이 본격 시행되었다. 2018년 N번방 성착취물 제작 및 유포 사건의 재발 방지를 위함이다. 부가통신사업자에게 "자신이 운영·관리하는 정보통신망을 통해 일반에게 공개되어 유통되는 정보 중 불법 촬영물 등이 유통되는 사정을 신고, 삭제 요청 등을 통해 인식한 경우 지체 없이 해당 정보의 삭제·접속차단 등 유통방지에 필요한 조치"를 하도록 책임을 부여했다. 국내에 본사가 없는 글로벌 사업자 본사를 대리해 소비자 피해나 불만, 법적 문제 등에 대응하는 국내 대리인 제도가 의무화되어, 네이버·카카오와 같은 국내 포털뿐 아니라 구글·메타·X 등 해외 인터넷 사업자와 뽐뿌·보배드림·디시인사이드

등 대형 인터넷 커뮤니티도 법 적용에 포함된다. 위반 시 과태료를 부과하고 양형 기준을 대폭 강화했다.

그러나 성 착취물 범죄는 여전히 성행이다. 음란물 불법 유통의 이용자 수는 증가 추세다. 해외 기업이 국내 대리인을 지정하지 않는 경우 이용자 수나 매출액을 파악하기 어렵다. 심지어 서버가 있는 본사 위치나 연락처도 파악할 수 없다.[16] 새롭게 만들어진 영상물은 사전에 걸러내거나 암시장에서 거래되는 불법 성 착취 유통 자체를 따라가서 막기 어렵다는 한계가 있다.

디지털 성범죄는 단순한 성의 문제가 아니다. 성 착취 영상물의 구매를 조장하는 세력과 돈을 지불한 세력, 그리고 성 착취 대상자를 유인하고 협박하는 세력이 한데 어우러진 비정상적인 권력 구조의 문제다. 그 내부에 잔인한 폭력이 존재한다.

미디어를 통해 어떤 성 문화가 공유되고 있으며 여성을 어떻게 재현하고 있는가? 디지털 성문화를 단순히 즐겨서는 안 된다. 디지털 속의 폭력성이 평범한 일상에 미치는 엄청난 파급력을 진지하게 성찰해야 한다.

성 인권 교육에 대한
고민

나는 성폭행을 당하지 않으려면 옷차림을 단정하게 해야 하며, 헤픈 행동을 하지 않아야 하며, 늦게 돌아다니지 않아야 한다는 교육을 받고 자라왔다. 나는 행동을 점검하며 일상을 살기보다 주도적이고 독립적인 사람으로서 자유로운 삶을 누리고 싶었다. 남성처럼 어디를 가더라도, 누구를 만나더라도 마음껏 거리를 누비며 자유롭고 안전하게 성장하고 싶었다.

– 《성 인권으로 한 걸음》, 엄주하, 을유문화사, 2020.

남성 중심의 사회에서는 생물학적 차이를 근거로 남녀에게 각기 다른 이중적 성 윤리를 적용해왔다. 남성 호르몬에 의해 선천적으로 발기, 사정과 같은 성 충동이 일어나면 성욕을 억제하기 어렵다는 이유다. 남성은 성적인 주체이고 여성은 수동적인 대상이라는 편견을 낳았다.

성범죄 사건이 발생하면 남자다움이 발현한 것이므로 여성에게 스스로 방어하지 못한 피해와 책임의 논리가 형성된다. 여성이 조심해야 한다는 사회적인 인식을 만들어냈다. 동시에 여성의 윤리와 태도를 문제삼아 낙인을 찍는 2차 가해가 발생한다.

사회 구성원의 다수가 강한 남성의 이미지를 선호할수록 폭력에 대한 허용 정도가 높아진다. 자신도 인식하지 못한 채 폭력은 일상으로 파고든다. 무엇이 성차별이며 성폭력인지 구분하지 못하게 만든다. 남성 우위의 가치관과 문화는 여성 비하나 혐오 발언, 성폭력 등의 문제를 일으키는 촉매제가 된다.

성차별 문화가 너무나 익숙한 사회에서는 누구든 성차별주의자가 될 수 있다. 잘못된 남성성에 대한 인식이 개선되어야 한다. 힘의 우위를 통해 여성을 지배하고 강제해서는 안 된다. 사회 구성원들이 민주적이고 평등하게 사고할 때 성범죄를 줄일 수 있다. 스웨덴은 최초로 성교육을 실시한 국가다. 1897년에 아동에 대한 성교육이 의무화되었다. 오래된 가부장적 문화로 인한 성폭력과 낙태 등의 심각한 성 문제를 해결하기 위한 시도였다. 고정 관념적이고 성차별적인 성 인식의 개선이 우선되었다.[17]

성 가치관과 소통 교육 등 성 인권 위주의 포괄적인 성교육이 필요하다. 성적 주체성과 책임을 깨닫고 실생활 속의 장기적인 효과를 이루어야 한다. 성 지식은 물론 성평등의 관점에서 성을 둘러싼 사회 · 문화 · 경제적 구조를 비판할 수 있는 시각을 갖추어야 한다. 성적 주체성과 책임을 깨닫도록 하는 것이다. 특정 사회에서 허용하는 성역할은 그 사회를 반영한다. 성에 따라 경제 · 사회·정서적 역할, 권리와 의무 그리고 책임 등에 차이가 생긴다. 개개인의 성 인지 감수성이 높을수록 일상화된 성 인권 부재의 문제를 민감하게 느끼며 함께 해결할 수 있다.

사회에 만연된 성에 대한 잘못된 지식과 고정관념은 성차별, 여성 비하, 남녀 간의 위력 차이 등 불평등한 사회구조와 권력관계에 의한 성폭력으로 연결될 수 있다. 여성은 물론 남성에게도 스트레스와 역차별을 준다. 성별의 칸막이를 부수고 인간의 존엄함 자체로 서로를 인정해야 한다. 무엇보다 스스로 사랑하고 자유로우며 타인을 존중해야 한다. 성 인권 교육은 자기다움을 찾아가는 인간 중심의 총체적인 교육으로 자리잡아야 한다.

<<< 성 인권 수준을 높여야 할 때

성차별, 성폭력, 미성년자 그루밍, 가정 폭력, 성의 상품화 등 여러 성범죄 사건을 직면하는 과정에서 성 인권을 깊이 고민한다. 우리는 성적 자기 결정권을 얼마나 정확하게 이해하며 살아가고 있는가? 성 인권과 성적 자기 결정권의 개념은 성범죄 피해자들을 보호하기 위한 보편 타당한 근거다. 특히 미성년자는 성범죄로부터 절대적 보호의 대상이다. 성적 정체성과 가치관의 형성이 부족하기 때문이다. 아동과 청소년의 발달 수준에 맞추어 어떤 내용의 성 인권 교육이 필요하며 어떻게 가르칠 것인지에 관한 적극적인 검토가 필요하다.

우리가 맺고 있는 수많은 인간관계의 거리는 과연 안전한가? 성범죄는 사회 구조적 문제. 성의 권력 관계와 일상 속의 민주화에 관한 인식이 확산되어야 한다. 피해자 개인의 문제로 치부해서 두려워하거나 자력 구제에 머물게 해서는 안 된다. 피해자가 조심하는 것이 아니라 가해자가 되지 않도록 가르쳐야 한다. 가해자와 피해자 간에 존재하는 압도적인 위력의 차이에 대해 알아야 한다. 실효성 있는 법 규범을 통해 철저한 예방 시스템을 갖추고, 범죄를 저지르면 반드시 무겁고 확실한 처벌을 받도록 해야 한다. 가장 중요한 첫 걸음은 우리 사회 구성원의 성인지 감수성과 성 인권 수준을 높이는 것이다.

3장

기후문제는 인권문제다

이지혜 _ 서울교육대학교 사회과교육과 부교수로 근무 중이며, 한국법과인권교육학회 편집위원장으로 활동하고 있다. 서울대학교 대학원에서 일반사회 전공으로 박사학위를 받았고, 인권 이론의 현장 실천을 위해 노력하고 있다. 그간 《일본의 재난방지 안전안심 교육》 《세대와 소통》 《청소년의 법과 생활》 《인권과 학교교육》 등을 집필했다.

기후 위기와 인권의
나비효과

　전 세계가 이상기후로 몸살을 앓고 있다. 오늘날 전 세계의 많은 이들이 이미 기후변화로 공기, 물, 음식, 그리고 생명까지 영향을 받고 있다. 지난 10년 동안 북극의 온도는 거의 1도 증가해왔으며, 만약 온실가스 배출 수준이 현재와 변화가 없다면 이번 세기 중반까지 북반구가 1년에 4도 정도 상승할 것이라고 예상된다. 과학자들은 북극의 빙하가 없어지는 시기를 2050년으로 예상했지만, 현재의 속도라면 2035년에 그 시기가 도래할 것이라고 경고하고 있다.

　미국에서는 허리케인에 대한 명칭을 알파벳순으로 부여했는데, 이미 A~Z까지 다 사용해서 이제는 그리스 문자로 넘어갔으며, 허리케인의 위력도 갈수록 커지고 있다. 2019년부터 2020년까지 최악의 호주 산불로 최소 34명이 사망하고 약 6천 채의 건물이 파괴되었다. 2019년 아프리카 남부 모잠비크, 말라위, 짐바브웨를 강타한 사이클론으로 300만 명의 피해 주민이 삶의 터전을 잃었으며, 4천여 명이 넘는 이들이 콜레라에 감염되었다. 2020년 중국의 기록적인 홍수로 14조 원에 이르는 피해를 입었으며, 2022년 방글라데시에서는 40만 채가 넘는 집이 물에 잠기고 250만 명이상의 이재민이 발생했다. 2022년 유럽을 덮친 폭염 피해가 미국으로 이어져 캘리포니아 요세미티 국립공원 인근에서 발생한 산불로 여의도의 약 25배에 이르는 면적이 손실되었다. 기후변화로 인해 광범위한 화재가 발생할 위험 조건들이 최소한 30% 이상 높아졌다는 것은 과학적으로도 증명되었다. 우리나라도 기후 위기에서 예외가 아니다. 2013년부터 2023년 10년 동안 집중호우, 폭염 등과 같은 이상기후로 인한 경제 피해액은 16조 원에 이르는 것으로 나타났다. 이와 같은 이상기후로 인한 부작용은 향후 몇 년 안에 초래될 상황의 예고편에 불과하다는 것에 보다 큰 문제가 있다.

2005년 12월 에스키모라고도 불리는 이누이트가 "미국의 온실가스 배출로 인해 자신의 고유문화가 파괴되었고, 전통적인 주거지가 거주 불가능한 곳이 되었으며, 나아가 자신들의 지속적인 삶에 필요한 생계 수단을 박탈당했다."라며 미주인권위원회에 청원서를 제출한 것이 기후변화에 대한 최초의 인권 기반적 시도였다. 구체적으로 이누이트는 북극 기온의 상승으로 빙하와 영구동토층이 해빙되어 사냥을 위한 여행이 종전보다 더 위험해져 생명권을 침해받았으며, 영구동토층의 해빙으로 인한 주택 지반 침하로 자신들이 살아온 거주지에서 더 이상 살 수 없기 때문에 재산권이 침해받았다고 주장했다. 또한 주요 식량인 동물 개체수가 감소함에 따라 영양상태가 악화되어 건강권이 보장되고 있지 않으며 이는 앞으로도 계속될 것으로 전망되어 이에 대한 해결을 요청했다.

이누이트는 미주인권위원회에 '온실가스의 배출을 제한하는 의무적 조치의 채택 및 지구적인 차원에서 배출량을 제한하려는 국제사회 공동 노력에 협력할 것, 모든 주요 정부 조치를 평가·승인하기에 앞서 미국의 온실가스 배출이 북극과 이누이트에 미치는 영향을 고려할 것, 기후변화로 영향을 받을 토지·물·눈·얼음 및 동·식물 등의 자원 보호 계획을 수립하고 이행할 것, 청원인들을 포함해서 영향을 받는 이누이트와 협력하여 이누이트가 회피 불가능한 기후변화의 영향에 적응하는 데 필요한 지원 제공 계획 수립 및 이행' 등을 요청했다.[1]

이누이트의 구제 청원은 받아들여지지 못했지만 전 세계가 기후변화와 인권의 관련성에 관심을 갖는 계기가 되었다. 이후 2007년 몰디브에서 개최된 작은 섬나라 개발도상국의 모임(SIDS)에서 채택된 Male 선언에서는 "기후변화가 인권의 완전한 향유를 누리는 데 직접적이고 분명한 함의를 가진다."라고 명시적으로 인정했다.

우리나라에서도 이와 유사한 사례가 있다. 2020년 시민 41명으로 구성된 기후위기인권그룹은 정부를 상대로 가속화되는 기후 위기와 이에 대한 정부의 미흡한 대응으로 인해 날씨에 취약한 계층 및 일반 시민들의 인권이 침해당하고 있다고 국가인권위원회에 진정을 제기했다. 진정에 참여한 사람들은 농축산 관련 업무 종사자 21명, 어업 종사자 2명, 가스검침원·배달노동자·방송노동자·건설노동자로 구성된 5명의 노동자, 해수면 상승 지역의 거주민 2명, 일반 소비자 1명, 기후우울증 등 건강상 피해자 7명, 청소년 4명으로 구성되어 있다. 이들이 주장하는 인권침해 내용은 다음과 같다.

농축산업인 _ 21명의 농축산업인 진정인들은 사과, 복숭아, 포도, 참외, 단감, 쌀, 표고버섯 등 국산 농산물들을 재배하는 농업인과 양봉인들이다. 냉해, 태풍, 폭염, 장마 등 이상기후와 재난으로 수확량 감소와 품질 저하가 가속화되고 있고, 병충해의 증가로 농약의 사용량은 증가하고 있다. 그러나 이를 보상하기 위한 재해보험은 제 기능을 하지 못해 본인들의 생업에 위협을 느낄 뿐 아니라 농업이 붕괴되고 있음을 실감하고 있다. 또한 폭염과 폭우 속에서 일하는 날이 증가하며 건강권과 생명권의 위협을 받고 있다.

어업 종사자 _ 해녀와 양식업에 종사하는 진정인들은 해양 온난화로 바다 생태계가 붕괴하는 것을 실감하며 이로 인해 직업의 자유를 침해받고 있다. 차가운 온도에서 자라는 해초가 눈에 띄게 줄어들면서 바다 생물의 감소와 갯녹음 현상 증가의 악순환이 반복되고 있어서 생업을 이어나가기 어려워지고 있으며, 수온 상승으로 양식장을 점점 먼 바다로 옮기다 보니 비용 부담과 사고 위험이 증가하고 전염병과 재해가 늘어나며 폐사 피해도 확산되고 있다.

노동자 _ 노동자 진정인들은 야외에서 일하는 비중이 높고 제한된 시간 내에 작업을 완료해야 하는 업무에 종사하고 있다. 기후 위기로 인한 폭염, 혹한, 폭설, 장마 등 이상기후 속에서 작업을 수행하다 보니 급박한 위험에 처하는 일이 늘어나고 온열질환, 어지럼증, 두통 등의 건강 이상 증상들의 빈도가 증가함에도 제대로 쉬지 못하고 일하고 있다. 이로 인해 건강하고 쾌적한 환경에서 생활할 권리, 직업의 자유, 건강권 등을 침해받고 있다.

해수면 상승 지역의 거주민 _ 해수면 상승 시뮬레이션상 침수가 예상되는 지역에 거주하는 진정인들이다. 진정인들은 각 해수면에 근접한 지역과 매립지에 거주해 태풍, 폭우 등이 올 때마다 침수 피해를 입거나 이를 우려하고 있으며, 미래의 일이기는 하지만 침수 지역이라는 연구 결과로 인해 주거 안정성의 위협을 받고 불안을 느끼고 있다. 이로 인해 거주 · 이전의 자유, 주거의 자유, 자기결정권, 건강하고 쾌적한 환경에서 생활할 권리 등을 침해받고 있다.

소비자 _ 태풍 등 재난이 올 때마다 채소 가격 폭등과 식자재 품귀 현상을 경험하며 식량 자급에 대한 불안감을 느껴 온 진정인이다. 진정인은 적절한 식량 및 물에 대한 권리, 건강하고 쾌적한 환경에서 생활할 권리 등을 침해받고 있다.

기후우울증 등 건강상 피해자 _ 진정인들은 급속도로 악화하는 기후 위기와 미래에 대한 절망감, 그로 인해 피해를 받는 자신과 취약계층들에 대한 상실감 및 무력함, 정부의 방만한 대응과 정책 추진 등에 대해 분노를 느끼고 있다. 기후변화가 신체적 건강 영향뿐 아니라 정신적 건강에도 영향을 주고 있다는 것은 유수한 연구기관에서도 인정하고 있는 사실이다.

청소년 _ 진정인들은 청소년으로, 향후 어른이 되어 살아갈 삶의 터전이 없어질지도 모른다는 공포감으로 밝은 미래를 꿈꾸지 못하고 있다. 기후 위기로 인해 건강권과 식량 및 물에 관한 권리, 자기결정권과 직업, 주거에 관한 자유 등을 비롯해 이 모든 권리의 근원이 되는 생명권까지도 침해당할 것이라는 '멸종공포'로 우울감과 무력감을 느끼고 있다.[2]

당시 국가인권위원회에서는 이런 진정이 다루기 적절하지 않은 사안이라며 각하 처리했다. 그러나 이로부터 2년이 지난 2022년 국가위원회는 '기후 위기와 인권에 관한 의견 표명'을 의결했다.

의견 표명 결정문 초안에는 기후 위기로 인해 사실상 인간의 모든 권리에 해당하는 '생명권, 식량권, 건강권, 주거권 등의 기본권이 침해되었다.'라며, 기후 위기 상황에서 국민의 인권을 보호하는 것은 국가의 기본적인 의무라며 취약계층 파악과 대책 마련 등을 정부에 요청했다. 국가인권위원회의 의견 표명은 인권 보호를 위해 정부 기관에 정책 개선이 필요하다는 의견을 제시하는 것으로, 법적 구속력은 없지만 이후 기후 관련 정책에 많은 영향을 주었다.

2024년 8월 헌법재판소는 기후 위기 대응을 위한 탄소중립·녹색성장 기본법(탄소중립기본법) 제8조 제1항 "정부는 국가 온실가스 배출량을 2030년까지 2018년의 국가 온실가스 배출량 대비 35퍼센트 이상의 범위에서 대통령령으로 정하는 비율만큼 감축하는 것을 중장기 국가 온실가스 감축 목표로 한다."에 대해 헌법불합치 결정을 내렸다. 이는 기후와 생명권, 환경권, 평등권 등과 연관성을 고려했을 때 해당 조항이 2031년부터 감축 목표에 대해서는 대강의 정략적 수준도 제시하지 않아 기후 위기 위험 상황에서 최소한 보호조치가 될 수 없다고 본 것이다.

사회적·경제적·환경적 차원에서 지속 가능한 발전을 위해서는 생태계를 포함한 환경보호는 인간적인 삶을 살기 위해 반드시 필요하며, 환경파괴와 기후변화는 현재와 미래 세대의 인권에 대한 가장 심각한 위협 중의 하나다. 이처럼 기후변화는 환경의 문제이기도 하지만, 생명권과 신체적 건강권, 정신적 건강권, 식량권, 식수권, 주거권, 자기결정권, 문화권 등에 영향을 주는 인권의 문제이기도 하다.

세계보건기구는 매년 최우선적으로 중요한 보건 문제를 강조하기 위해 주제를 선정하는데, 2022년 주제는 '기후변화로부터 건강을 지키자'다. 이는 기후 위기에 따른 전 세계 시민의 건강권 위협과 이것의 보호를 중요하게 인식하고 있음을 알려준다. 기후변화로 인해 사회 기반이 흔들리고, 생태계가 파괴되었으며, 수질·대기오염 심화 등 인류의 건강이 크게 위협받고 있기 때문에 기후변화에 따른 부정적인 영향을 최소화하기 위한 정책과 수단을 마련하는 것이 매우 중요한 과제다. 건강한 지구가 없다면 인간은 살아갈 수 없으며 당연히 인권도 존재할 수 없기 때문이다.

기후난민을
아십니까

 우리는 평화롭고 안전하며 존엄하게 살 권리가 있다. 세계인권
선언문에는 모든 사람은 자신과 가족의 건강과 안녕에 적합한 생
활수준을 누릴 권리가 제시되어 있다. 그러나 기후 위기로 인해
자신의 생활 터전이 없어지는 상황이 발생할 수도 있다.

 태평양의 섬나라 투발루는 면적이 서울시 영등포구와 비슷하며
인구가 2만 명도 안 되는 작은 섬나라다. 투발루의 가장 높은 곳
은 해발 4.5센티미터에 불과한데, 지구온난화로 인해 연 5밀리미
터씩 해수면이 상승하고 있다. 전문가들은 앞으로 30년 안에 수도
푸나푸티 섬의 절반이 물에 잠길 것이며, 약 50년 안에 모든 국토
가 물에 잠길 것으로 예상한다. 2021년 제26차 유엔기후변화협약
당사국총회(COP26)에서 투발루의 외교부 장관은 국가의 수몰 위
기를 알리기 위해 허벅지까지 물이 차오른 바다에서 수중 연설을
하며 지구온난화에 따른 해수면 상승의 위험을 전 세계에 알리기
도 했다.

인도네시아는 기후변화로 해수면이 20센티미터 상승했고, 지반 침하로 땅은 매년 10센티미터씩 낮아지고 있다. 현재 수도 자카르타는 도시 면적 가운데 40%가 해수면보다 낮아졌다. 자카르타는 바다로부터 도시를 지키기 위해 방조제를 세웠다. 이 방조제 총 길이는 32킬로미터로 'Giant Sea Wall'이라 불린다. 그러나 이마저도 오래 버티기 어렵기 때문에 더 큰 방벽을 건설하고 있다. 또한 자카르타에서 동쪽으로 400킬로미터 떨어진 곳에서는 바닷물이 차오르면서 마을이 폐허로 변했다. 바다는 계속 육지로 밀려오고 있으며, 마을은 점차 자취를 감추고 있다. 아이들이 뛰어놀던 초등학교는 문을 닫았고, 이제는 물고기들만 보인다.

기후변화의 영향으로 대기와 해류의 시스템이 바뀌고 계절풍의 방향도 바뀌면서 방글라데시의 동북부 지역은 강수량이 급격히 줄어 가뭄에 시달리고 있으며, 서북부 지역은 집중호우로 인해 홍수 피해를 입고 있다. 방글라데시 쿠툽디아 섬은 해수면 상승으로 지난 100년간 80% 이상의 영토가 사라졌다. 또한 잦은 사이클론으로 농경지가 파괴되면서 주거지를 잃은 사람들은 도시빈민으로 전락하고 있다. 이런 기후변화로 인해 매해 30여만 명의 기후난민이 발생하고 있으며, 기후난민이 늘어나면서 폐기물 처리 시설 부족으로 2차 오염이 발생하고 사회적 갈등과 범죄 또한 급등하고 있다. 방글라데시 총리는 이를 '기후의 테러'라며 국제 사회의 관심을 요청했다.

해수면 상승과 이상기온 등 급격한 기후변화로 인해 자신이 살고 있던 삶의 터전을 잃어버린 수는 연평균 2,150만 건으로 분쟁으로 인한 강제 실향 수의 2배에 달한다. 재난으로 인한 강제 실향의 95%가 폭우, 가뭄, 홍수, 산사태, 산불, 이상기온 등 이상기후가 원인으로 나타났다. 유엔난민기구는 앞으로 기후 위기에 적극적으로 대처하지 않는다면 기후변화로 약 2억 명 이상의 삶의 터전이 사라질 것이라고 경고하고 있다.

인간은 기후변화에 취약하지만 그 정도는 각기 다르다. 즉 기후변화는 전 세계의 모든 사람에게 영향을 주고 있지만, 기후변화로 인한 피해 정도와 회복 능력은 각기 처한 상황에 따라 다르게 나타난다. 기후변화의 주된 발생 원인은 선진국의 산업 발달에 있지만, 이에 대한 피해는 저개발 국가에 집중되고 있다. 저개발 국가의 가난한 사람들은 식량과 생계를 위해 기후라는 민감한 자원에 전적으로 의존하고 있다. 기후변화에 따라 경작지가 줄어들고 수확량이 감소하면서 많은 이들이 어려움을 겪고 있다. 또한 빙하의 손실이나 적설의 감소로 산맥에서 내려오는 해빙수에 의지하는 많은 이들이 물 부족으로 고통받고 있다.

반기문 전 UN 사무총장은 "개발도상국들이 기후변화로 고통받고 있다. 이들 국가는 기후변화 원인의 책임이 작은데도 불구하고 기후변화로 인해 가장 큰 피해를 보고 있다."라고 말한 바 있다. 막대한 온실가스를 배출해서 산업화를 이룩한 부유한 국가들은 거대 자본을 통해 기후변화에 대비한 시스템을 구축한 반면 개발도상국들은 상대적으로 온실가스 배출량이 미비함에도 불구하고 미흡한 대응 체계로 인해 기후변화에 따른 피해 정도가 더 크다.

 세계 기후위험지수를 살펴보면 선진국보다 상대적으로 온실가스 배출량이 미비한 미얀마, 필리핀, 태국 등이 기후변화와 자연재해에 취약한 국가로 선정되었다. 2022년 기후변화에 관한 정부간 협의체(IPCC)의 보고서에 따르면 지난 11년간 기후변화 취약지인 서부·중앙·동부 아프리카, 남아시아, 중남미, 군소도서 개발도상국 및 북극에서 가뭄, 폭염, 홍수로 인한 사망자가 다른 지역보다 15배 높았다. 이를 통해 기후변화로 인한 피해가 약자에게 더 큰 피해를 준다는 것을 알 수 있다. 선진국들은 기후 위기에 대응할 수 있는 사회 기반을 구축할 여력이 있지만 상대적으로 빈곤한 국가들은 빈약한 체계로 인해 이에 대한 대비가 어려운 현실이다.

기후정의에
주목하라

기후정의는 산업화에 따른 혜택과 피해의 불평등에 주목한다. 기후변화에 대한 책임이 상대적으로 적음에도 불구하고 막대한 피해를 보는 상황을 기후부정의로 보고, 기후변화의 특성으로 인해 정의의 범주를 한 국가에 한정하지 않고 전 세계의 협력을 강조하며, 기후변화의 발생 원인을 해결하기 위한 구조적 전환을 추구한다.

1992년 브라질에서 개최된 유엔환경개발회의(UNCED)에서 채택된 유엔기후변화협약(UNFCCC)에서는 선진국과 개발도상국이 '공동의 그러나 차별화된 책임'에 따라 각자의 능력에 맞게 온실가스를 감축할 것을 제안했다. 이는 기후변화라는 문제를 해결하는 데 전 세계의 공동 노력을 촉구하는 동시에 국가별로 차별적인 책임을 제시했다는 점에서 '기후정의' 개념이 적용된 것이다.

이후 2010년 볼리비아에서 열린 '기후변화와 지구 대지의 권리를 위한 세계민중총회'에 125개 국가 2만 명 이상의 환경활동가가 참여했다. 여기서 채택한 '민중협정문'은 보다 확장적인 기후 정의 개념을 제시하고 있다. 이 협정문은 기후변화를 야기하는 데 큰 영향을 미친 선진국의 책임과 의무를 강조하고 있다.

민중협정문에서는 온실가스 배출로 인해 침해된 개발도상국들의 대기 공간을 복원할 것을 요구하고 있으며, 이는 대기가스 배출량 감소를 통한 대기의 탈식민화를 의미한다고 주장했다. 또한 개발도상국들은 제한된 대기 공간에서 살기 때문에 개발 기회를 상실하고 있다고 보고 개발도상국에 필요한 재정과 기술 이전을 선진국에 요구했다. 이와 더불어 선진국들에 의해 야기된 기후변화로 강제이주 위기에 처한 수억 명에 대한 책임을 지고, 제한적인 이민 정책 폐지와 기후변화로 이주해야 하는 사람들에게 완전한 인권 보장과 품위 있는 삶의 제공 및 온실가스의 과도한 배출로 인해 발생하는 피해를 예방·최소화하고 이것의 처리 수단을 개발도상국들에 제공할 것을 요구하고 있다.

그러나 이런 기후 불평등 문제는 선진국과 개발도상국 사이에서만 일어나는 것이 아니다. 한 국가 내에서도 소비수준이 높은 계층이 낮은 계층보다 더 많은 온실가스를 배출하고 있지만 그 피해는 반대다. 또한 1차산업은 기후변화에 미치는 영향은 다른 산업에 비해 미비하지만 기후변화에 따른 피해에 직접적인 타격을 받고 있다. 2020년 9월 옥스팜이 스톡홀름 환경연구소(SEI)와 함께 조사한 결과에 따르면 세계 인구 상위 1%인 약 6억300만 명의 부유층은 지난 25년간 52%의 탄소를 배출했고 탄소 예산을 31% 사

용했다. 반면에 하위 50%인 31억 명의 25년간 탄소배출량은 7%
인 반면에 탄소 예산은 4%만 사용했다.

우리나라의 기후 위기 대응을 위한 탄소중립·녹색성장 기본법
(탄소중립기본법)에 따르면 기후정의는 '기후변화를 야기하는 온
실가스 배출에 대한 사회계층별 책임이 다름을 인정하고 기후 위
기를 극복하는 과정에서 모든 이해관계자가 의사결정 과정에 동
등하고 실질적으로 참여하며 기후변화의 책임에 따라 탄소중립
사회로의 이행 부담과 녹색성장의 이익을 공정하게 나누어 사회
적·경제적 및 세대 간의 평등을 보장하는 것'을 의미한다.

기후정의는 분배적 기후정의, 절차적 기후정의, 생산적 기후정
의, 인정적 기후정의로 나누어 살펴볼 수 있다. 먼저, 분배적 기
후정의는 기후 위기에 대한 책임의 주체와 그에 따른 피해 객체가
일치하지 않는다는 점에 주목해 이런 불평등한 결과를 개선하고
자 한다. 분배적 기후정의에서의 '지불 능력 원칙'은 부유하고 선
진 기술을 가지고 있는 국가가 더 적극적으로 기후 위기에 책임을
져야 한다는 것을 말한다. '역사적 책임 원칙'은 현재 지불 능력
수준이 아닌, 이제까지 온실가스 배출로 인해 얻은 이익을 고려해
기후 위기에 대한 책임을 부과하는 것이다. 이런 입장에서는 선진
국들은 개발도상국에 기후 위기에 대해 갚아야 할 부채가 있다고
본다. 이와 같은 분배적 기후정의는 국가 간 책임과 피해의 불일
치뿐만 아니라 국가 내에 존재하는 소득과 계층에 따른 차별적 책
임에도 주목한다.

절차적 기후정의는 기후변화 협상에 선진국들이 더 강한 목소리를 내며, 사회·경제적 강자들에게 기후 문제에 대한 의사결정 기회가 집중되는 문제를 해결하기 위해 기후 문제와 관련된 참여에 모든 사람의 차별 없는 접근 보장을 추구한다. 이를 위해 기후 문제와 관련된 정책을 수립하고 시행할 때 모든 당사자에게 실질적인 참여를 보장하고, 기후와 관련된 정확한 정보가 공개되고 이를 바탕으로 의사결정에 차별 없이 참여하도록 하는 것이다.

생산적 기후정의는 기후 문제에 따른 위험이 발생하지 않도록 이를 통제하는 것에 초점을 둔다. 기후 위기를 초래한 이산화탄소 배출 산업에 문제를 제기하며, 석탄이나 석유와 같은 화석연료 대신 풍력·지열·수력·태양열 등을 이용한 재생에너지로 산업 구조의 전환을 추구한다. 그러나 이런 산업 구조의 전환은 기존 화석에너지 산업에 종사하던 사람들의 일자리가 없어진다는 문제가 발생할 수 있다. 따라서 기후 위기 해결에 따른 노동 문제가 발생하지 않도록 일자리를 잃은 사람들에게 재교육의 기회를 제공하고, 새로운 양질의 일자리를 제공해주어야 한다고 본다.

이런 기후 문제와 노동 문제 해결의 접점은 '국내적으로 규정된 개발 우선순위에 따라 노동력의 정당한 전환과 좋은 일자리 및 양질의 직업 창출이 매우 필요함을 고려해야 한다.'라는 문구로 파리협정에 제시되었다. 이는 우리나라의 탄소중립법에 제시된 '탄소중립 사회로 이행하는 과정에서 직·간접적 피해를 입을 수 있는 지역이나 산업의 노동자, 농민, 중소상공인 등을 보호해서 이행 과정에서 발생하는 부담을 사회적으로 분담하고 취약계층의 피해를 최소화' 하는 정의로운 전환과 맥을 같이한다.

인정적 기후정의는 기후 문제로 인한 피해 범위를 인간에게만 한정할 것이 아니라 생태계 전반으로 보고 멸종되는 생물들과 파괴되는 생태계에 기반을 둔 소수 문화까지 고려해야 한다는 것이다. 유엔 생물다양성 보고서에 따르면 기후변화에 따라 사라지는 생물은 해마다 2만5천~5만 종이며, 생태계 파괴로 인해 생물의 멸종 속도는 매년 가속화되고 있다. 우리나라에서도 급격한 기후변화로 인해 한국 제비 개체 규모가 100분의 1로 줄어들며, 온난화로 인해 사과·고랭지 배추·인삼 등과 같은 호냉성 작목은 급감하고, 2060년 평야지의 20% 이상에서 벼가 재배되지 못할 것이라는 전망이 나오고 있다.

이런 측면에서 인정적 기후정의는 사라져 가는 생물들에 대한 보전 노력을 강조한다. 2021년 유엔 인권최고대표는 성명서를 통해 기후변화, 오염 및 생물다양성 손실이라는 3중 위협은 우리 시대의 인권에 대한 단일한 가장 큰 도전이며, 정부, 기업, 개인은 기후변화의 부정적인 인권 영향을 방지하고 이를 완화하고 개선할 공동 책임이 있다는 것을 강조했다.[3]

유엔 인권최고대표를 역임한 메리 로빈슨이 설립한 기후정의재단은 기후변화에 대응하기 위한 지침으로 다음 일곱 가지 원칙을 제시했다.

· 기후변화에 대응하는 모든 차원에서 국제적 인권 기준을 준수해야 한다. 인권의 잣대에 따라 최저한의 기본권과 존엄을 반드시 보장해야 한다. 인권의 존중과 보호 원칙은 기후행동에서 빠져서는 안 되는 토대다.

· 개발도상국의 발전권을 지원해야 한다. 북반구와 남반구의 불평등을 해소하고, 남반구에 녹색 기술을 이전하며, 저탄소 회복력을 높일 수 있도록 남반구를 지원해야 한다.

· 온실가스 배출로 인한 혜택과 부담을 공평하게 나누어야 한다. 온실가스 배출로 경제발전의 혜택을 제일 많이 입었고 행동할 수 있는 역량이 가장 큰 선진국들이 기후행동에서 제일 큰 책임을 져야 한다. 선진국들은 온실가스를 가장 먼저 감축해야 하고, 온실가스 배출로 발생한 결실을 공평하게 나누어야 한다.

· 모든 기후행동과 정책은 참여적이고 투명하고 책무성이 있어야 한다.

· 젠더 평등과 형평성을 강조해야 한다. 기후변화는 빈곤층과 여성에게 더 큰 악영향을 미친다. 기후행동을 할 때 여성의 삶에 미칠 영향을 세심하게 살펴야 한다.

· 기후를 책임 있게 관리할 수 있는 '기후 청지기 직분'을 기르기 위해 교육의 변혁적인 힘을 끌어내야 한다. 기후의 안정화를 위해서는 개인의 삶의 양식도 스스로 바꾸어야 한다. 그런 변화를 위해 공교육 체계 및 평생교육에 필요한 교육의 변

혁적인 역량을 최대한 활용해야 한다.

· 기후정의를 확보하기 위해서는 효과적인 동반자 관계를 잘
활용해야 한다. 국내 그리고 국제적으로 국가, 기업, 시민사
회의 역량을 모아야 한다. 이런 동반자 관계는 개방적이어야
하고, 기후변화로 가장 큰 피해를 입으면서도 대처할 역량이
가장 낮은 빈곤층과 취약계층을 반드시 포함해야 한다.[4]

기후 위기에 대처하는
자세

    유엔 인권최고대표사무소(OHCHR)는 기후변화와 관련해서 국가의 의무를 규정하고 있다. 구체적인 내용은 다음과 같다. 첫째, 비록 기후변화 관련 사건이 국가의 가용자원에 추가적인 부담을 지울지라도 국가는 경제적·사회적·문화적 권리를 향유 가능한 최대한 보장할 의무가 있다. 둘째, 기후변화 관련 사건에 대한 정보접근권, 의사결정참여권 및 사법절차에의 접근을 포함한 절차적 권리는 기후변화에 취약한 집단에 더욱 중요하다. 셋째, 일관성과 지속가능성을 증진하고, 특히 정책적 해결 방안이 사회 주변부 및 취약한 집단의 필요에 집중될 수 있도록 최소한도의 경제적·사회적·문화적 권리의 보장 수준에 대한 보편적인 공급에 대한 인권 기준이 기후변화 정책 수립에 지도 원칙으로 적용되어야 한다.[5]

    국제인권법에서 국가의 의무를 기후에 적용하며 살펴보면 존중의무는 인권 보장에 영향을 미치는 행위에 관여할 수 없다는 것으로 기후 위기를 초래하는 기업의 행위를 막을 수 없다는 소극적인 의무의 성격을 가지고 있다. 보호 의무는 인권 침해를 방지하고 피해를 완화해야 할 의무다. 이는 기후 위기를 적극적으로 막기 위해 이산화탄소 배출을 규제하거나 기후 위기에 따른 인권 침해를 피해를 최소화하기 위해 국가가 적극적으로 대처하는 의무를 의미한다. 실현 의무는 인권 보장을 위해 국가가 적절한 조치를 취하는 의무다. 이는 기후 위기에 따른 문제를 해결하기 위해서는 선진국이 개발도상국의 기후 문제 해결에 도움을 줄 의무가 있다는 주장의 근거가 되기도 한다.

기후 위기에 대응해서 이런 국가적인 차원에서의 대처뿐만 아니라 우리가 모두 심각성을 깨닫고 이 문제를 해결하기 위해 노력해야 한다. 유네스코의 기후변화에 관한 윤리 원칙에도 제시되어 있듯이 기후변화는 전 인류 공통의 관심사이며, 국가뿐만 아니라 국제사회, 지역공동체, 시민사회단체, 개인을 비롯해 사회 각층의 모든 사람의 참여와 관심 없이는 이를 대처할 수 없다. 기후변화와 관련된 문제를 해결하기 위해서는 모든 사람의 능동적이고 적극적인 참여가 필요하다. 기후 위기에 대처할 때 정의감, 동반자 정신, 포용의 자세, 취약계층에 대한 연대 의식을 바탕으로 협력해야 한다. 서로 다른 배경을 가진 사람들 간의 상호 의존, 인류 공동체와 생태계 그리고 환경 간의 상호 의존성을 인식하는 것은 기후 위기를 극복의 중요한 출발점이다.

<<< 기후우울증을 앓고 있다면

기후우울증은 기후 위기가 다가오고 있지만 이를 개인의 힘으로 막을 수 없는 데에서 오는 불안·상실감·스트레스·슬픔·분노 등과 같은 부정적인 감정을 겪는 장애다. 기후 불안, 기후 슬픔, 생태 불안으로도 불린다. 이상기온, 폭염, 집중호우, 가뭄 등 기후 위기 상황을 겪으면서 미래에 대해 불안감을 느끼고 쉽게 바뀌지 않는 현실에 무력감을 느끼는 경우가 많아졌다. 실제로 미국국립과학원 회보에 따르면 인도 전역에서 농업 분야에서 지구온난화에 따른 자살이 지난 30년 동안 5만 건 이상 발생했다고 한다. 기후는 농업과 밀접한 관계가 있기 때문에 농업 분야에 종사하는 사람들의 기후우울증을 겪은 위험도 상대적으로 높아졌기 때문이다. 이런 문제는 비단 기후에 직접적인 영향을 받는 사람에게만 한정된 일이 아니다. 미국심리학회는 연구를 통해 나이가 어릴수록 날씨에 직접적인 영향을 받아 기후우울증을 더 겪을 수 있다고 발표했다.

기후 위기를 걱정만 하는 것이 아니라 이것에 적극적으로 대응하는 구체적인 행동이 기후우울증 극복에 도움을 줄 수 있다. 불필요한 메일 지우기, 화면 절전 모드와 같은 디지털 탄소발자국 줄이기, 가까운 거리는 걸어 다니기, 일회용품 줄이기, 적절한 냉·난방온도 유지하기 등과 같은 생활 속의 작은 실천을 통해 탄소중립도 실천하고 기후우울증도 극복할 수 있다.

이선영 _ 서울교육대학교 강사이자 서울시 초등학교 교사, 법과인권교육학회 이사로
활동 중이다. 서울교육대학교 대학원에서 인권교육으로 박사학위를 받았고 학교 현장
에서 20년 이상 인권을 가르치고 있다. 《평화를 알아야 평화롭다》《바로미와 함께하
는 좌충우돌 재판 이야기》《우리는 지구촌 시민》《맛있는 국제이해교육》《세계 시민,
세계 유산을 품다》 등 여러 권의 책을 썼다.

4장

소수자의 인권은 소수일까

그들이 소수이기
때문일까

모든 사람은 태어날 때부터 자유롭고, 존엄성과 권리에 있어서
평등하다. 사람은 이성과 양심을 부여받았으며 서로에게 형제
의 정신으로 대해야 한다.   – 세계인권선언 제1조
모든 사람은 인종, 피부색, 언어, 성, 종교, 정치적 또는 그 밖
의 견해, 민족적 또는 사회적 출신, 출생, 재산, 기타의 지위 등
에 따른 어떤 종류의 구별 없이, 이 선언에 제시된 모든 권리와
자유를 누릴 자격이 있다.   – 세계인권선언 제2조

세계인권선언은 모든 인간의 기본적인 권리를 존중해야 한다는
공통의 규범과 이를 위해 노력해야 할 인류의 과제를 보여주는 선
언이다. 선언의 제1조에서부터 우리는 평등하며 존엄함을 알리고
제2조에서는 다양한 이유로 차별받지 않아야 한다고 명시하고 있
다. 하지만 이것은 인종, 피부색, 성, 언어, 종교, 그 밖의 이유로
차별받는 사람들이 있다는 전제로 만들어진 조문이다. 그리고 이

렇게 차별받는 이들을 우리는 소수자라고 말하기도 한다.

소수자란 누구를 말할까? 소수자는 일반적으로 신체적·문화적 특성 또는 사회적 상황 때문에 자신이 사는 사회나 국가로부터 불평등한 대우를 받으며, 상황에 따라 특정 집단으로부터 차별당하기도 하는 사람을 말한다. 세대, 지역, 인종, 성 역할, 종교 등의 이유로 노인, 장애인, 여성, 난민 등의 다양한 소수자가 존재한다. 여기서 말하는 소수자는 그 수가 적고 많음에 관계없이 사회적으로 약자의 위치에 있는 경우다.

소수자라는 말을 들으면 사람들은 숫자의 개념을 생각하기 쉽다. 즉 '대다수가 아닌 소수의 집단'을 의미한다고 생각하지만, 소수자는 그 수가 적음을 뜻하지 않는다. 소수자는 수(數)의 의미가 아니다. 소수자는 상대적인 개념이기 때문에 누구든지 상황과 여건의 변화에 따라 사회적 소수자가 될 수 있다. 내가 외국으로 이민을 가면 그 나라에서 나는 소수자로 분류될 수 있고, 종교적 신념이나 가치관의 변화, 불의의 사고로 생긴 장애, 노년기 진입 등에 따라서도 소수자가 될 수 있다. 1980년대까지 남아프리카공화국에서는 흑인 인종차별이 매우 심했고 소수자는 원주민인 흑인이었다. 하지만 그 당시 지배집단인 백인은 흑인보다 훨씬 수가 적었다. 결국 남아프리카공화국의 인구 대부분을 차지했던 흑인이 역설적으로 소수자였던 것이다.

흔히 우리는 소수자와 사회적 약자를 같은 개념이라고 생각한다. 그러나 둘 사이에는 중요한 차이점이 존재한다. 사회적 약자는 사회적으로 불리한 위치에 있는 사람을 말하는 표현으로, 이들은 불리한 위치에 있을 뿐 어느 집단이라는 이유로 차별을 받지 않는다. 따라서 사회적 약자는 소수자처럼 자신이 어느 집단에 속해 있다고 생각하지 않는다.

어떤 사람이 소수자로 분류되는 것은 보통 네 가지 기준을 충족해야 한다. 그중 첫 번째는 식별 가능성이다. 소수자들은 신체 또는 문화적 이유로 다른 집단과 구별되는 확실한 차이가 있거나 차이가 있을 것이라 여겨지는 집단이다. 백인이 다수인 사회에서는 흑인이 신체적인 특징으로 식별되고 히잡이나 차도르를 입은 무슬림 여성을 다른 문화적 특징으로 구별하는 경우다. 둘째로 권력적으로 열세한 집단이어야 한다. 여기서 말하는 권력은 정치권력뿐 아니라 사회·경제적 측면에서의 권력을 포함한다. 그래서 정치적으로나 사회·경제적으로 우위의 집단에서 구분되는 사람들

'원주민(흑인)을 조심하라'라는 남아프리카공화국의 표지판.

을 소수자라고 할 수 있다. 세 번째로 차별적 대우를 당할 수 있는 사람들이다. 소수자는 그 집단의 성원이라는 이유만으로 편견을 갖거나 차별 대상이 되기도 한다. 마지막으로 집단의식을 가진 무리가 소수자다. 앞의 세 가지 기준에 부합되더라도 소수자 집단의 성원이라는 집단의식이 없으면 그 사람은 그냥 한 개인일 뿐이다. 자신이 차별받은 소수자 집단에 속하고 있다는 것을 느낄 때야 비로소 그 사람은 소수자가 되는 것이다.

그런데 만약 힘겹게 살아온 어떤 사람이 자신이 차별받고 있는데 차별받는 이유가 자신의 어떤 특징 또는 사람들이 '너희는 이런 특징이 있다.' 라는 규정 때문이라는 사실을 깨닫고 자기가 속해 있었던 집단을 지각한다면 사회적 약자이자 소수자로 변한다. 한국 사회에서 바라보는 소수자는 민족, 인종, 종교, 언어 등의 특성이 다른 사람들을 구분하기보다는 사회적 약자를 소수자로 보는 경향이 있다. 이는 우리나라뿐 아니라 미국, 일본 등의 나라에서도 소수자를 정의하는 방식이다. 따라서 우리 사회에는 다양한 이유로 사회적 약자이자 소수자가 존재하게 된다.

소수자는 기존의 제도 안에서 낮은 권력적 지위를 가지고 있어서 기존의 제도나 법, 정책 등이 변경되지 않는 한 이들의 신분이나 지위가 개선되기 어렵다. 결론적으로 소수자는 제도적으로도 차별과 배제 대상이 되는 사람들이다. 게다가 소수자는 한 사회에서 역사적 특수성에 의해 사회적 · 문화적 차별을 받음으로 인해 두려움을 느낄 수 있으며, 자신들의 인권에 관한 주장을 강력하게 전개할 만한 우호적인 세력이나 힘(여건)을 확보하지 못한 경우가 많다.

그렇다면 영원한 다수자, 영원한 소수자가 되는 것은 가능할까? 코로나19에 대한 공포가 컸던 시기에 서구권에서는 중국인을 비롯한 동양인에 대한 인종차별이 노골화되었다. 독일 베를린에서는 20대 중국인 여성이 현지의 여성들에게 폭행당하는 사건이 발생했는데, 현지 경찰은 코로나19와 관련된 인종차별적인 공격이라고 판단했다. 한국인 역시 이런 차별적인 상황에 자유롭지 않았다. 오스트레일리아의 한 여자사립학교에서는 코로나19 전염 가능성을 이유로 한국계 여학생들의 기숙사 퇴거 조치를 명령했고, 이탈리아의 한 음악원은 한국인을 포함한 동양계 학생들의 수업 참여를 금지했다. 모범적인 동양인의 모습과 이미지에서 소수자의 모습으로 변한 것이다.

우리 사회에서도 평소에 우호적이었던 중국인에게 "너 같은 중국 사람 때문에 우리나라에 코로나바이러스가 생겼다."라며 공개적으로 질타하거나 '중국인 출입 금지'를 붙인 상점도 생겼다. 한국인과 외국인이 함께 일하는 직장에서는 코로나19로 인해 일정 기간 부득이하게 인원을 줄이면서 외국인 직원들에게만 무급휴직을 강요한 사례도 일어났다. 이처럼 누구든지 상황과 여건에 따라 소수자가 될 수 있는 것이다.

소수자의 권리는 소수자가 사회의 다른 집단에 비해 취약한 상황에 있다는 인식에 기반을 두고 있다. 따라서 소수집단의 구성원을 차별하고 혐오나 적대감을 표현하는 것 또는 모든 폭력으로부터 보호하는 것을 목표로 한다. 그래서 소수자의 권리는 특권이 아니라 다른 공동체의 구성원을 평등하게 존중하도록 행동하게 한다는 점을 강조해야 한다. 이러한 권리는 인권이 취약하거나 침해받는 사람들을 지원한다. 또한 사회의 모든 구성원이 인권과 기본권을 행사하는 상황에서 최소한의 평등을 달성하도록 하는 역할을 한다. 그래서 소수자의 권리의 핵심은 소수자의 정체성을 인정하고 다양성을 보호하는 것이다. 소수자의 정체성을 널리 알리고 보호하면 그들의 문화, 종교 및 언어 등이 강제로 동화되거나 사라지는 것을 막고 문화적인 손실도 방지할 수 있다.

결국 소수자의 권리는 고유한 정체성에 대한 존중을 보장하는 동시에 그런 집단에 속한 사람이나 집단에 대한 차별적인 대우가 고착화된 관행과 정책으로 가려지지 않도록 하는 것이다. 따라서 소수자의 문화적·종교적·언어적 다양성 등을 존중하고 이런 다양성을 통해 사회를 풍요롭게 한다는 것을 인정하는 적극적인 행동이 필요하다.

가장 널리 인정되고 법적 구속력이 있는 소수자 인권에 관한 규정은 '유엔 시민적 및 정치적 권리에 관한 국제규약(ICCPR) 제27조'다.

민족적·종교적 또는 언어적 소수자(집단)가 존재하는 국가에서는 그런 소수집단의 구성원들은 소속된 집단의 다른 구성원

들과 교류하고, 자신들의 고유한 문화를 영위하고, 자신들의 종
교를 믿거나 실천하며, 자신들의 고유한 언어를 사용할 권리를
갖는다.   – ICCPR 제27조

이 규약의 제27조는 소수집단에 속하는 사람들에게 민족적 · 종
교적 · 인종적 · 언어적 정체성, 또는 이런 여러 요소가 혼합된 정
체성에 대한 권리와 그것들이 보존하고 발전시키기를 원하는 특
성을 간직할 권리를 부여해주고 있다. 이처럼 소수자가 존재하는
국가들에서 모든 구성원이 이런 권리를 갖는다고 규정해주고 있
지만, 그렇다고 해서 모든 소수자가 이 규정을 적용받고 권리를
부여받고 있지는 않다. 소수자들은 자신의 언어를 사용할 수 있
고, 자신들이 설치한 기구로부터 혜택받을 수 있고, 국가의 정치
적 활동 및 경제적 활동에 참여할 수 있을 때야 다수자들이 당연
하게 부여받았다고 여기는 지위를 확보할 수 있다. 그리고 소수
자에게 특별한 대우를 하는 것은 그 목적이 공동체 전체 구성원의
복지와 평등을 증진하기 위한 것일 때만 정당화된다.

　1992년에 발표한 '소수자 권리에 관한 유엔 선언' 또한 국가가
소수자의 존재와 정체성을 보호할 것을 요구하고 국가가 적극적
으로 행동할 것을 촉구하고 있다. 소수자에 속하는 사람들이 차별
없이 개인적으로나 다른 사람들과 공동으로 자신의 권리를 행사
할 수 있도록 보장받아야 한다고 강조한다. 국내적으로 우리나라
에서는 차별금지법을 제정하려 노력하고 있다. 차별금지법은 차

별의 금지를 명시하면서 차별의 개념과 유형(직접차별/간접차별/괴롭힘/성희롱 등), 차별 금지 사유(성별/종교/장애/인종/피부색 등), 차별 금지 영역(고용/교육/거래 등), 차별에 해당하지 않는 경우(적극적 우대 조치/모성보호 조치 등), 차별 피해자의 구제(진정/손해배상청구 등) 및 차별 가해자의 제재(손해배상/형사차별 등)에 관한 내용을 체계적으로 규정한 법규범을 의미한다.

현재 우리나라에는 국가인권위원회법을 포함해 성차별금지법(남녀고용평등법), 비정규직차별금지법, 장애인차별금지법, 연령차별금지법과 같은 개별적인 차별금지법(각각의 차별 금지 사유나 차별 금지 영역에 따라 규율하는 차별금지법)이 제정되어 있다. 하지만 이런 법은 차별을 종합해서 포괄하는 것이 아니라 일종의 조직법이나 절차법으로 이해되기 때문에 일반적인 차별을 금지하는 법으로서의 '차별금지법' 제정 노력이 시도되고 있다.

소수자를 차별하지 않고 인권이 존중받을 수 있도록 다양한 노력이 실행되고 있는 지금, 현실의 소수자는 차별받지 않고 진정으로 존엄하게 살아가고 있을까?

어쩔 수 없이 이동하는
사람들

세상에는 이동해야만 살 수 있는 많은 사람이 있다. 그들 중 여러 나라가 구조를 거부한 배에 탑승해 있던 14살의 로힝야 난민 소녀는 이렇게 말했다.

햇볕이 너무나 뜨거웠고, 마실 물이나 먹을 게 하나도 없었어요. 사람들은 어쩔 수 없이 바닷물을 마셨고, 배 위에서 기력이 없어 움직이지 못하는 사람도 있었어요. 매일 음식 한 줌과 물한 모금만 주어졌어요. 사람들은 구타당했고, 뼈와 피부만 남은 상태였어요. 배에 탄 이후 우리는 계속 무릎을 가슴팍까지 올린 상태로 앉아 있어야 했고, 다리가 붓고 마비되어 심지어는 죽는 사람도 있었어요.[1]

난민캠프에서 거주 중인 미얀마 13세 소녀 뮌타(가명)도 6개월 전 집 주변에서 갑자기 총성이 울려 짐도 제대로 챙기지 못한 채

가족과 마을에서 뛰어나왔다. 뮌타는 "피난을 떠나는 내내 '총에 맞으면 어떡하지?' 라는 생각을 떨칠 수 없었다."라며 살기 위해 도망 나올 수밖에 없었다고 했다.

우리에게 난민이 이슈화된 것은 2015년 터키 해안가에 누워 있던 어린 소년 에이란 쿠르디의 사건 때문이다. 얼굴을 비스듬히 모래밭에 대고 손발을 축 늘어뜨린 채 백사장에 엎드려 있던 에이란의 모습은 놀다 지쳐 잠들어 있는 아이 같았다. 하지만 에이란의 잠은 다시는 깰 수 없는 슬픈 잠이었다. 시리아에서 살던 에이란의 가족은 전쟁을 피해 캐나다로 이민가려고 했으나 후원 요청이 거절되어 어쩔 수 없이 난민선에 오른다. 난민선은 그리스 코스 섬으로 향해를 시작했지만 낡은 선채에 너무나 많은 난민을 태워 터키 해안을 지나다가 전복되고 말았다. 이 사고로 에이란의 가족 중 아빠를 제외하고 모두 사망하고 만다.

전 세계에 보도된 에이란 쿠르디의 모습은 사람들에게 큰 충격을 주었다. 하지만 그때까지 우리는 난민 문제를 유럽만큼이나 크게 받아들이지 않았다. 우리나라는 몇몇 난민이 망명신청을 해서 법적 다툼이 일어난 적은 있어도 유럽의 시리아인 유입과 같은 대규모 난민 문제를 겪은 적이 없기 때문이다.

난민이란 인종, 종교, 국적, 특정 사회집단의 구성원인 신분 또는 정치적 견해를 이유로 박해를 받을 수 있다고 인정할 충분한 근거가 있는 공포로 인해 국적국(본인의 나라)의 보호를 받을 수 없거나, 보호받기를 원하지 않는 외국인, 또는 그런 공포로 인해 입국하기 전에 거주했던 국가로 돌아갈 수 없거나 돌아가기를 원하지 않는 무국적자인 사람을 말한다. 쉽게 말하면 종교, 인종 또는 정치적이거나 사상적 차이로 인한 박해를 피해 다른 지방이나 외국으로 탈출하는 사람을 말한다. 에이란처럼 시리아전쟁으로 인해 나라를 탈출하는 사람들은 유럽이 지리적으로 가까워 유럽으로 넘어갔다.

지리적으로 가깝지 않아 이 땅에는 난민이 없다고 생각했던 우리나라 사람들은 2018년에 제주도의 예멘 난민의 문제에 마주한다. 예멘에서는 2015년부터 후티 반군과 사우디아라비아 동맹군의 지원을 받는 정부군 사이에서 내전이 계속되고 있다. 이 내전으로 전체 국민의 절반 이상이 난민이 된 상황이었고, 그중 일부가 무비자로 입국할 수 있는 제주도로 입국한 것이다.

제주도에 입국한 난민들은 난민 지위를 인정받으려 노력했다. 난민으로 인정받으면 한국에서 안정된 신분으로 살아갈 수 있기 때문이다. 하지만 우리나라 국민 중 일부는 난민을 받아들일 수 없다고 주장했다. 한 언론사에서는 이들이 비행기를 타고 왔다며, "과연 이들이 (가난한) 난민이 맞는가?"라는 기사를 썼다. 청와대 국민청원 게시판에는 예멘 난민을 수용해서는 안 된다는 청원이 올라왔고 70여만 명이 서명했다. 일부 지역에서는 예멘 난민을 수용하면 안 된다는 집회가 열리기도 했다. 예멘 난민들은 이슬람교도이며 따라서 이슬람 테러 집단일지도 모르기 때문에 위험하다는 이유에서였다.

어떤 사람들은 난민이 테러를 행하기 위해 한국에 입국했다고 주장하기도 했다. 이들을 순수하게 거주지를 잃은 사람들이 아닌 종교적 · 인종적 차별의 시선으로 바라본 것이다. 난민이라는 소수자를 "이들이 이슬람교 신도이기 때문에 위험하다.", "제주도에 생기는 사건의 범인일 가능성이 있다."라며 그들의 정체성을 똑바로 바라보거나 인정하지 않았기 때문에 일어난 일이었다.

제주 출입국외국인청의 보도에 따르면 2018년 난민 인정 신청서를 낸 예멘인은 총 484명으로, 이 중 난민을 인정받은 2명과 인도적 체류 허가를 받은 412명 등 85%에 해당하는 414명이 한국에서 정식으로 살 수 있게 되었다. 우리에게 정착한 이들과 우리는 함께 더불어 살아가고 있으며 배제되지 않고 함께 살아가야 한다. 난민들의 문화, 종교, 정체성 등을 존중하고 이런 차별적인 사건이 다시는 일어나지 않도록 해야 할 것이다.

이동하는 사람은 난민뿐만이 아니다. 미등록 이주노동자의 자녀인 미등록 이주 아동도 이동하는 사람이다. 우리나라의 미등록 이주노동자는 20~30만 명 정도, 미등록 이주 아동은 2만 명 정도로 예상된다. 이들은 부모가 유효한 체류 자격을 가지고 있지 않기 때문에 태어나자마자 법을 어긴 존재로 살아가게 된다. 다행히 당장 추방되는 것은 아니다. 우리나라가 비준한 유엔아동권리협약에 따라 학습권이 주어지고 고등학교까지는 다닐 수 있다.

하지만 이들의 학교생활은 순탄하지 않다. 주민(외국인)등록번호가 없기 때문에 본인 명의의 휴대전화 개통이 어렵고, 신분증을 제시해야 하는 곳에는 갈 수가 없다. 학생이라면 꼭 해야 하는 봉사활동을 위해 1365 자원봉사 포털(봉사활동 사이트)에도 가입하지 못하고, 한국 역사를 좋아하지만 한국사능력검정시험에 응시하기 어렵다. 관람권 예매 사이트에 회원 가입을 할 수 없으니 좋아하는 아이돌의 콘서트에도 가지 못하고, 청소년들이 쉽게 가지고 있는 체크카드도 발급받지 못한다. 코로나19가 한참인 시기에는 QR 체크인을 하고 식당에서 밥을 먹는 일도 쉽지 않았을 것이다. 미등록 이주 아동은 공부할 권리는 있어도 사람답게 살아갈 자격은 없는 모순된 현실을 마주하게 된다.

고등학교 졸업 이후에는 강제퇴거명령이 내려질 수 있다. 그럴 경우에는 지금까지 살아왔던 한국을 떠나 말도 통하지 않고 친구도 없는 부모의 국적국으로 쫓겨날 처지가 된다. 한국에 남아 있더라도 그들의 부모처럼 미등록 노동자로 살아가는 것밖에 선택의 여지가 없다.

한 미등록 이주 아동은 청소년기 학교에 다니던 시절 이런 어려움이 있었다고 한다.

담임선생님께서 다른 반에서 이루어진 수업 시간에 제가 비자가 없다는 이야기를 하셨나 봐요. 점심시간에 급식 줄을 서 있는데 다른 반 애들이 와서 저한테 "피비야, 너 괜찮아?" 하고 위로해주는 거예요. 그때 친구들 앞에서 벌거벗고 있는 것 같았어요. 저를 친구로 보지 않고 불쌍한 사람으로 보더라고요. 지금까지는 그냥 친구였는데 졸지에 불쌍한 애가 되어버린 거죠. 너무 슬프고 힘들었어요. 하지만 선생님이 잘 대해주라고 이런 이야기를 하셨다는데 왜 그랬냐고 따질 수도 없는 일이잖아요.

— 《있지만 없는 아이들》, 은유, 창비, 2021.

우리 사회에 이동하는 사람들에 대해 단순히 도와주거나 불쌍히 여기고 하는 것은 진정한 도움이 아니다. 그들을 우리 사회의 일원으로 인정하고 제도를 만들고 살아갈 수 있도록 지원해주는 것이 필요하다. 그리고 우리 사회의 다양성을 인정하는 것이 필요하다. 같은 얼굴, 같은 습관, 같은 취미를 가진 사람은 단 한 명도 없다. 모두 다른 모습으로 우리 사회를 이루며 살아갈 뿐이다. 다양한 사람이 함께 살아가는 것은 하나도 이상할 것 없는 당연한 모습이라는 것을, 그리고 똑같은 인권을 가진 사람들이라는 것을 인정하는 것이 필요할 뿐이다.

인권에도 나이가
있을까

사회는 가파르게 늙어간다. 정확히 말하면 우리 사회가 늙어가고 있다. 우리 사회는 인구의 급속한 고령화로 고령사회에 진입했다. 인구의 고령화는 우리가 더 오래 살 수 있다는 것을 의미하지만, 노년에 신체적·정신적 기능 저하와 경제적 어려움에 직면하는 노인이 많아진다는 사실을 내포하고 있는지도 모른다. 한 인간으로서 나이가 들어가고 노화해서 살아가는 여정은 우리 모두의 현재이자 다가올 미래다. 이런 우리 사회에서 "노인은 존엄하고 행복한 삶을 살아가고 있는가?"라는 질문은 우리 자신의 미래에 대한 질문일지도 모른다.

이런 질문에 대한 답으로 2017년 경제협력개발기구(OECD)는 '불평등한 고령화 방지' 보고서를 발표했다. 이 보고서에 따르면 우리 사회의 66세 이상 은퇴 연령층의 상대적 빈곤율, 즉 중위 소득 50% 이하인 계층이 전체 인구에서 차지하는 비율이 42.7%로 OECD 회원국 중 가장 높은 수준이라는 통계 결과가 나왔다. 나

이를 더 높여 76세 이상 노인의 빈곤율을 살펴보면 60.2%나 된다. 76세 이상 노인 중 60% 이상의 노인이 빈곤을 겪고 있다면 이것을 개인의 문제라고 할 수 있을까? 우리 사회의 노인 인권 현실을 진지하게 생각해봐야 한다.

우리 사회에서 노인은 대략 50세에 주된 일자리에서 퇴직하고 이후 약 20여 년 동안 비정규직 등의 고용 안정성이 낮은 주변부 노동시장에서 구직과 실업을 반복하다가 70세를 넘겨서야 노동시장에서 완전히 은퇴하는 경향을 보인다. 실질적인 은퇴 나이나 건강 수명 등으로 볼 때, 노인들이 노동하지 않고 자유롭고 건강하게 보내는 기간은 짧고 일하는 기간은 긴 것을 알 수 있다. 고령의 점점 더 많은 노인이 일하기를 원하고 이는 생활비 마련을 위해서라는 것이 가장 큰 이유다. 그러니 원해서 일한다기보다는 일을 해야만 하는 상황으로 판단할 수 있다. 게다가 노인들이 취업해도 대부분 저임금 일자리에 한정되어 그들이 겪는 경제적인 어려움을 쉽게 파악할 수 있다.

노인들이 마주하는 어려움은 경제적인 문제만이 아니다. 학대도 노인이 마주하는 어려움이다. 노인학대의 법률적 정의는 '노인에 대하여 신체적·정신적·정서적·성적 폭력 및 경제적 착취 또는 가혹행위를 하거나 유기 또는 방임을 하는 것'을 말한다. 그리고 '노인복지법'에는 명시되어 있지 않지만 '자기 방임' 또한 노인학대의 한 문제로 바라봐야 한다. 보통 학대는 가해자와 피해자가 있지만 자기 방임은 스스로가 방임하는 것이기에 가해자와 피해자가 동일인이다.

노인학대는 나라마다 조금씩 다른 모습으로 나타나고 있다. 다른 나라에서는 노인학대 정의에서 노인학대 피해자와 행위자 사이의 관계적인 측면, 의도성, 신뢰 관계에 대한 부분을 특히 중요하게 생각하지만, 우리나라에서는 좀 더 넓은 포괄적인 정의를 인정하고 있다.

《2021 노인학대 현황 보고서 가이드북》에 따르면 우리나라의 노인학대가 심각하게 증가하고 있음을 여실히 보여준다. 2009년에 2,674건이던 노인학대가 2021년에 6,774건(노인학대 신고 건수 19,391건) 발생해서 2배 이상 늘어났다. 이와 같은 현상에 대해 주변 사람들의 관심과 노인들의 인식 개선으로 학대를 적극적으로 신고해서 숨어 있던 우리 사회의 어두운 면이 점차 더 드러난 것으로 보는 견해도 있다. 그리고 이는 노인학대로 인식하지 못했던 것을 피해자들이 학대로 인지하게 되었다는 것으로도 해석된다. 노인학대가 증가인지 표면으로 드러난 것인지 확실하지는 않지만, 이렇게 많은 학대 사례 속에는 한 분 한 분 노인들의 크나큰 슬픔과 고통이 담겨 있으며, 외부로 알려지지 않은 학대를 홀로 감내하는 노인도 상당수라고 짐작할 수 있다.

우리나라는 2016년에 노인복지법을 개정하면서 노인학대와 관련된 조항이 많이 생겨났다. 경찰이 수사현장에서 노인학대를 인지하면 노인 보호 전문기관에 반드시 통보하도록 하여 행정기관들이 서로 유기적으로 협력해 노인 인권과 관련한 업무를 잘 진행할 수 있도록 하는 조항도 생겼다. 노인학대 범죄 전력자의 취업 제한이라든지 정서적 학대 행위자를 처벌할 수 있는 조항도 있다. 하지만 이런 노력에도 늘어나는 학대의 수치를 보면 우리가 노인 인권을 잘 지켜가고 있는가 반문하게 한다.

게다가 모든 관계와 단절된 채 홀로 죽어가는 노인들도 적지 않았다. 우리나라의 자살률은 인구 10만 명당 27.3명(2023년 기준)으로 OECD 회원국 평균인 11명보다 2배 이상 높다. 특히 80세 이상의 노인은 59.4명(2023년 기준)으로 전 연령대를 통틀어 가장 높은 수준이다. 이렇듯 우리나라에서는 나이가 많을수록 자살률이 증가하는 심각한 상황을 맞이하고 있다.

최근에 아파트에서 홀로 살던 60대 할머니가 숨진 지 수개월 만에 발견되었다는 뉴스가 보도되었다. 할머니는 숨진 지 최소 6개월 이상 되었고, 발견 당시 집 안에는 할머니가 키우던 반려견 한 마리도 함께 숨져 있었다. 할머니는 "연락이 안 된다."라는 신고를 받고 출동한 행정복지센터 직원과 소방대원에 의해 발견되었고, 조사에 따르면 기초생활수급자였던 할머니는 외부와 연락을 끊고 은둔형 생활을 해온 것으로 알려졌다. 이런 뉴스는 요즘 우리가 자주 접하는 사건이다. 하지만 너무 자주 접해서 별로 충격적이지 않은 것이 우리 사회의 아이러니일지도 모른다.

고독사 또는 무연고 장례란 유가족이 없거나 유가족이 시신 인수를 거부해 사망 지역의 지방자치단체가 가족 대신 장례를 치르는 것을 말한다. 고독사의 형태로 사망한 사람은 2019년 총 2,536

명으로 3년 전인 2016년의 1,820명보다 40% 가까이 늘었다. 이렇게 발생한 고독사 중에는 절반 정도인 43% 정도가 65세 이상 노인이었다. 65세 이상 노인들의 고독사는 매년 늘어가고 있다.

인간으로서의 존엄과 가치, 행복을 추구할 권리는 대한민국 헌법 제10조로 규정하고 있으며, 노인복지법 제2조 제1항에서는 후손의 양육과 국가 및 사회 발전에 이바지해온 노인은 안정된 생활을 보장받고 존경받아야 한다는 것을 기본 이념으로 제시하고 있다. 그러나 우리 사회에서 노인은 빈곤과 고독사(자살), 학대 등으로 그들의 인권은 더욱 취약해지고, 노년의 시기에 존엄한 삶을 영위하지 못하고 있다.

국제사회는 1982년에 제1차 세계고령화대회를 개최한 데 이어 1991년에는 '노인을 위한 유엔 원칙'을 발표했으며, 2002년에는 '마드리드 고령화 국제행동계획(MIPAA)'을 채택했다. 2010년에는 제65차 유엔총회 결의안에서 '고령화 실무그룹(OEWGA)'을 구성해서 현재까지 노인의 인권 이슈를 지속해서 논의를 이어오고 있다. 일관적이고 포괄적인 노인 인권 지원 체계를 만들기 위해 신속하게 행동하는 중이다.

미국에서는 최근 사회 전반에 만연한 노인 차별(학대)을 타파하고 노인 복지를 향상하기 위한 운동을 전역에서 활발히 전개하고 있다. 미국에서 노후에 가장 살기 좋은 도시 순위를 매년 발표하고 있는 밀켄 사회문제연구소에 따르면 미국에서는 많은 도시가 노인을 더 많이 모시고 함께 살기 위해 노력하고 있다. 그 이유는 노인이 사회를 안정시키며 책임 있는 시민으로 살아간다는 것을 인정하는 사회 분위기 때문이다. 이런 노력이 우리 사회에 시사하는 바는 무엇일까?

노인이 행복하고 존엄한 일상적 삶을 보장받는 방안은 권리 주체로서의 목소리를 내게 하는 것이다. 그리고 이를 제반 정책에 반영하는 기본적인 토대를 마련하는 것이 그 시작이다. 정부는 취약계층인 노인의 안전과 행복을 위한 사회안전망을 점검하고 촘촘하게 구축할 필요가 있으며, 이때 인권을 가장 소중한 가치로 고려해야 한다. 개개인은 급증하는 노인을 숙제가 아닌, 사회를 안정시키고 책임 있는 시민으로 대해야 한다. '시혜 또는 정책의 대상'으로 노인을 바라보던 시각에서 벗어나 '인간 존엄성 보장'이라는 인권의 눈으로 노인을 '사회를 안정시키는 권리를 가진 주체'로 바라보는 인식의 전환이 절실하다.

장애라는 편견과
기준을 넘어

우리는 결정이나 선택이 힘들 때 '결정장애', '선택장애' 등 장애라는 말을 너무 쉽게 그리고 자주 사용한다. 이런 표현이 장애인을 힘들게 한다는 것을 알고 있는가?

흔히 '장애'를 이야기할 때 신체나 정신 일부가 손상되어 불편한 생활을 하는 상태를 생각한다. 이런 불편을 가진 사람을 '장애인'이라고 보고, '장애'를 개인이 받아들여야 할 개인적인 문제로 인식한다. 장애인을 동정과 보호의 대상으로만 여기는 이런 인식 또한 그들이 사회 구성원으로서 권리를 행사하고 사회에 참여하는 주체가 되는 데 걸림돌이 된다.

"장애는 불편한 것이지 불행한 것은 아니다."라는 말이 모두에게 명백한 진실이 되려면 어떻게 해야 할까?

2006년 유엔에서 채택된 장애인권리협약의 전문에는 "장애는 발전하는 개념이며 다른 사람들과 동등한 기초 위에서 완전하고 효과적인 사회참여를 저해하는 태도 및 환경적인 장벽과 손상을 입은 개인과의 상호작용으로부터 야기되는 것"으로 규정하고 있다. 국가인권위원회법 제2조 제4호에 따르면 "장애란 신체적·정신적·사회적 요인에 의해 장기간에 걸쳐 일상생활 또는 사회생활에 상당한 제약을 받는 상태"다. 즉 장애는 개인의 신체적·정신적 불편함에만 그치지 않고 개인의 불편을 일으키는 사회적 인식과 환경이라는 이해가 필요하다.

우리 사회에서 장애인이 소수자라는 점에는 반론의 여지가 없을 것이다. 장애에 대한 소수자적 접근은 장애를 사회적 관점에서 바라보고 장애인에 대한 사회적 편견과 차별에 초점을 둔다. 장애인은 취업이나 경제적으로 어려움에 있는 경우가 있고, 그에 따라 복지에 대한 의존성이 높아질 수 있는 상황에 놓여 있다. 사회적 관점에서는 장애를 손상이나 기능장애에 의해 초래되는 사회적 불리함으로 파악하며, 그에 따라 본질적으로 사회·정치적 차원에서 장애를 다루어야 한다는 점을 강조한다. 즉 장애란 사회의 요구에 응답할 수 없는 개인의 무능력함 때문이라기보다는 주로 기존의 구조화된 사회 환경이 장애인의 욕구와 열망에 부합되지 않기 때문이다. 이를테면 장애인의 욕구와 무관하게 설계되고 구축된 물리적 환경이나 사회적 조건도 차별이며, 이는 장애의 원인으로도 볼 수 있다.

장애인이 소수자라는 관점은 육체적인 무능보다는 사회적 태도가 장애인 문제의 핵심 근원이라는 점, 사회적 환경 및 이미 만들어진 환경의 모든 측면은 공공정책에 의해 만들어진 것이라는 점,

공공정책은 잠재적인 사회적 태도와 가치관의 반영이라는 점 등의 기본적인 가정이 깔려 있다. 따라서 장애인을 차별하고 배제하는 환경적 특성은 사회적 구조의 문제이며, 또한 공공정책의 결점이 그 원인이라는 것을 알 수 있다. 신체적인 손상을 입은 개인이 스스로 자신의 손상이나 장애를 극복하려는 노력을 기울일 수 있지만, 그에게 가해지고 강제되는 '사회적 장애'를 제거할 수 없기 때문이다.

이런 점에서 장애의 문제는 사회적으로 모든 구조적인 부분에서 차별 자체를 방지하는 것이 중요하다고 할 수 있다. 이는 장애인이 비장애인과 동등한 사회적·경제적 지위를 가질 수 있도록 국가가 책임을 지고 장애인 정책을 전개해야 할 필요성을 보여준다.

하지만 현실은 어떨까? 우리 사회에서 장애인에게 차별적인 정책은 없으며 장애인의 인권은 보장받고 있을까? 누구에게나 보장된 권리라고 해도 장애인에게 보장하려고 하면 논란이 생긴다. 특수학교를 만드는 데 지역 주민들이 격렬히 반대한 사례가 대표적이다. 보통의 아이들은 10분 정도만 걸어도 학교에 도착하는데 누구는 학교에 다다르기 위해 1시간 이상 걸린다면 공평하지 않다. 그래서 이를 해결하려고 하니 지역 주민들은 "왜 이곳에 장애인 시설을 지어야 하는가?"라면서 반대하고, 학교 대신 병원을 만들어 달라고 요구했다.

전국의 학교 대부분은 주민들의 동의를 구하고 짓는 것이 아니다. 학교는 국가가 의무적으로 정책을 세워 지워야 한다. 하지만 장애인학교에 관해서는 이야기가 달라진다. 주민들이 너무나 격렬하게 반대해서 장애인 학생들의 보호자들이 제발 학교를 짓게 해달라며 무릎까지 꿇었다. 왜 일반 학교와 특수학교를 다르게 보는 것일까?

이런 갈등이 있었지만, 그곳에는 특수학교가 세워졌으며, 주민들이 걱정하던 문제는 발생하지 않았다. 우리 사회는 장애인의 인권 보장을 위한 많은 정책을 지속해서 세우고 실천하고 있다. 장애 등급을 없애고 장애 정도로 변경하고, 건강보험료와 노인장기요양보험 등의 경감을 확대하고, 특별교통수단도 단계적으로 확충하고 있다. 장애인의 요구를 직접 듣고 서비스 지원을 위해 '장애인 서비스 지원 종합조사'도 도입했다. 장애인이 지역사회에서 독립생활을 위해 필요한 서비스를 빠짐없이 편리하게 이용할 수 있도록 행정 부서 간 전달 체계도 강화했다. 완전한 것은 아니지만 지속적인 노력이 진행되고 있는 것은 고무할 만한 일이다.

그렇다면 우리 일상에서 편견이나 차별은 사라졌을까? 우리는 흔히 계단이 있는 곳에 함께 있는 경사로, 2층 이상의 건물에 엘리베이터 설치, 저상버스의 운행 등 장애인의 이동권을 대하는 태도는 장애인에게 '베푸는 배려이거나 혜택'이라는 생각하곤 한다. 누구나 자유롭게 이동하야 하며, 이것은 인간이라면 누구나 누릴 수 있는 당연한 권리일 뿐인데도 말이다.

앞에서 언급한 결정장애라는 말처럼 장애는 못하는 것으로 생각하는 편견, 특수학교가 생기면 지역에 나쁜 일이 생길 것 같다고 생각이 앞선다. 장애인을 위한 행동도 그 안에는 편견과 선입견이 깃들어 있는 경우가 적지 않다. 그래서 뇌 병변 장애가 있는 철수(가명) 씨는 사람들에게 부탁한다.

제가 목발을 쓰기 때문에 조금 힘이 드는 것은 사실이에요. 그런데 버스를 타는데 누가 뒤에서 제 엉덩이를 잡고 밀어 올리는 거예요. 깜짝 놀랐습니다. 이게 도와주는 것인가요? 좋은 뜻인지 모르지만, 상대방을 불쾌하게 하는 일입니다. 상대를 존중하고 의사를 묻는 일이 먼저 아닐까요? 그런데 사람들은 이것을 자주 까먹어요. 그리고 프라이버시를 침해하는 때도 많아요. 이상하게 저한테는 궁금한 것이 많은 것 같아요. "어떤 장애를 가진 것이에요? 왜 혼자 있어요?" 이런 질문을 꼭 합니다. 그리고 그냥 집에 가지 않고 저를 꼭 집까지 바래다줘요. 우리 집이 어디인지 알려주고 싶지 않아도 할 수 없습니다. 거기까지는 그래도 이해하려 하는데, 현관문 비밀번호까지 물어봐요. 제가 몸이 불편하다고 해서 사생활이 없는 것은 아니잖아요.

청각장애인 영희(가명) 씨도 프라이버시 문제를 제기한다.

청각장애인이 수화나 필담이 아닌 통역자를 통해 대화를 나누면 그 어떤 관계에서는 사생활이란 있을 수 없어요. 통역자가 통역하는 동안 내밀한 대화의 내용을 모두 알게 되잖아요? 그래서 피상적인 대화만 오갈 뿐 진짜 속마음을 드러내는 '진짜 대화' 란 거의 불가능해요. 청각장애인과 수화를 모르는 비장애인 간에 친밀하고 진정한 관계가 만들어지지 않는 건 이 때문일지도 모른다고 생각해요.

– 《인권과 소수자 이야기》, 박경태, 책세상, 2010.

장애는 상대적이다. 뽀로로의 주인공인 펭귄은 날개가 있어도 날지 못한다. 그런데 어떻게 하늘을 날아다닐까? 비행기를 탄다. 고글을 쓰고 멋지게 하늘을 날아다닌다. 뽀로로의 친구인 크롱은 말을 잘 못한다. 언어장애가 있다. 그런데 장애가 아닌 것 같다. 왜냐하면 크롱이 한마디 할 때마다 주변에서 호응해주기 때문이다. 철수 씨처럼 목발을 짚고 다니면 사람들은 장애가 있다는 사실을 직관적으로 알게 된다. 하지만 목발을 하이힐쯤으로 생각해주기를 바란다고 한다. "목발 짚고 다니기 너무 힘들지?" 하지 말고 '저 사람이 진정 목발의 달인이구나. 목발을 짚고 웬만한 일은 다 처리할 수 있네.' 라고 생각해줄 수는 없을까?

"장애는 불편한 것이지 불행한 것은 아니다."라는 말이 현실이 되기 위해서는 장애와 장애인에 대한 인식 개선이 선행되어 장애인에 대한 편견과 차별을 없애야 한다. 그리고 장애인들이 비장애인들과 동등한 기초 위에서 완전하고 효과적으로 사회에 참여할 수 있도록 사회가 정책적·구조적으로 변화해야 한다. 장애인을 개개인으로 존중하며 장애를 만들어내는 세상의 기준을 변화시킬 때, 그래서 우리가 다른 시선으로 세상을 보기 시작할 때, 비로소 더불어 살아가는 이 세상은 다음 세대로의 지속 가능하며 평등한, 그리고 모두가 행복한 사회로 변화할 것이다.

<<< 소수자의 인권에 대한 단상

소수자는 단순히 약자이며 차별받는 존재일까? 이 글을 읽은 여러분은 단순하게 생각하지 않기를 바란다. 소수자의 삶이 힘들다고 위로해주고 도와주는 것이 필요한 것이 아니다. 그들과 함께 평등하게 살아가기 위한 제도를 만들고, 사회문화를 형성하고, 개개인의 편견과 차별을 바꾸고, 이런 노력이 함께 진행되기를 바란다.

소수자는 내 주위에는 없다고 생각한다면 소수자의 이야기를 다룬 영화를 보거나 소설을 읽는 것은 어떨까? 사회적으로 외면받는 이들의 이야기를 주목하고 삶을 조명하는 작품을 통해 다시 한번 그들의 바람을 그리고 목소리에 귀 기울이는 기회를 가져보자.

5장

학
교
로
간
인
권

주주자 _ 현재 경기도교육청 장학관으로 근무 중이며, 한국법과인권교육학회 부회장으로 활동하고 있다. 서울대학교 대학원에서 일반사회 전공으로 박사학위를 받았고, 인권 관점에서 교육과정과 수업·평가 실천에 중심을 두고 이를 연구·실천하기 위해 노력하고 있다. 《교사 학습공동체》《미래교육이 시작되다》《고등학교 통합사회 교과서》 등을 집필했다.

우리도 인권을 누릴 수 있나요

아침 등교 때 교문 앞에서부터 한 줄로 늘어서서 학생부 선생님들과 학생자치회 학생들이 중심이 되어 이루어지는 두발과 복장 지도. 학교 밖에서 큰 제한 없이 누릴 수 있는 권리였더라도 학생답지 못한 옷차림과 치장으로 간주되는 경우 학교 안으로 들어오는 순간 정지되는 것이 현실이다. 학생을 물리적으로 직접 체벌하는 것은 아니더라도 생활지도가 필요한 학생에게 벌주기 등 신체적인 고통을 느끼게 하는 간접체벌이 교육적 차원에서 행사되기도 한다. 다양한 배경을 지닌 학생들이 하루 중 일정 시간 동안 동일한 공간에서 함께 생활해야 하는 상황에서 학교 질서와 면학 분위기 조성을 위해 두발·복장 지도나 간접체벌 등이 도움을 준다고 볼 수도 있다.

인권의 관점에서 다시 생각해보면 어떨까? 학교가 효율적인 관리를 위해 개인이 지닌 다양함을 고려하지 않고, 성찰적이지 않은 방식으로 획일적으로 통제하고 있는 것은 아닐까 하는 생각이 들

수도 있다. 이런 환경에서 학생들 한 명 한 명이 일상적인 학교 생활에서 자신의 자유의지에 기초해서 선택하고, 건강하고 행복한 삶을 누리고 있다고 할 수 있을까? 그렇지 않다고 본다면 학생들은 기본적인 인권을 지닌 존엄한 존재로 대우받지 않고 있다고 판단할 수 있을 것이다.

2020년 한 시도교육청에서 실시한 설문조사에 따르면 학생의 두발 길이나 파마 염색 등 머리 모양을 자유롭게 할 수 있는지에 대해 초등학생의 경우 93.2%, 중학생의 경우 57.3%, 고등학생의 경우 52%가 부정적으로 응답했다. 학교 규칙이나 학급 규칙 제정 및 개정 시에 학생 의견을 반영하지 않는 경우 그 이유를 알리는지에 대한 답변이 초등학생과 중학생, 고등학생이 각각 '그렇지 않다.'가 16.7%, 28.1%, 38.2%인 반면에 교사의 경우에는 4.9%와 2.9%만 부정적으로 답했다. 학생 참여의 현황 인식에 대해 교사와 학생 간에 간극이 있음을 알 수 있다.

2021년 경기도 학생들을 대상으로 진행한 학생 인권 실태조사에서는 코로나19로 학생들이 온라인 공간에서 보내는 시간이 증가하면서 사이버폭력으로 권리 침해가 증가하고 있음을 보고하고 있다. 또한 2018년 청소년 혐오에 관한 한 실태조사에 따르면 교실 안에서 조롱이나 공개적인 멸시와 같은 혐오 표현이 상당히 일상적인 수준에서 지속되어 인간의 존엄을 해하는 경우가 증가하고 있다.

학교에서 학생들은 일상적인 삶의 영역에서 인간으로서 자신의 권리를 존중받지 못하는 경우가 빈번하게 발생하고 있다. 이와 같은 인권침해적 상황에 문제의식을 느끼지 못하는 경우도 있을 것이다. 인권은 '학교에 있는 청소년과 아동의 권리는 교육이라는 중요한 목표를 위해서는 보류되어야 한다.'라는 편견과 억압에 대항할 수 있는 유용한 개념이다. 인권이란 아동이나 학생이더라도 헌법이나 법률 이전에 인간이라면 누구나 갖는 불가침의 기본적인 권리이기 때문이다. 인권적 관점에서 학교를 들여다볼 때 청소년과 아동은 학교에서 더욱 행복한 삶을 누릴 수 있을 것이다.

학교라는 공간
속에서

아동·청소년의 인권을 보장한다고 할 때, 아동과 청소년의 범주는 어디까지일까? 사전적 의미로 청소년이란 청년(어른)과 소년(어린이)의 중간 단계에 있는 사람을 말한다. 우리 사회에서는 일상적으로 청소년은 중·고등학교에 다니는 연령대의 사람을, 아동 또는 어린이는 초등학생을 지칭하기도 한다. 헌법재판소는 연령과 재학 상황을 기준으로 청소년층을 유치원생, 초중고생, 대학생으로 3분해서 헌법적 지위를 달리 파악하기도 한다. 청소년에 대한 연령 규정은 법규마다 다른데, 예를 들어 청소년기본법에서는 9세 이상 24세 이하를, 청소년보호법에서는 19세 미만을 지칭한다.

청소년이라는 용어와 유사한 의미로 '아동'을 연령대를 폭넓게 정의해서 사용하기도 한다. 예컨대 유엔아동권리협약과 아동복지법에서는 '아동'을 만 18세 미만의 사람으로 지칭하고 있다. 소년법에서는 19세 미만인 자를 소년으로 규정해서 형법과는 별도로

소년에 대한 형사적 내용을 담고 있다. 따라서 인권 영역에서 말하는 아동은 어린이와 청소년을 모두 포함하는 것으로, 청소년을 지칭하더라도 어린이와 청소년을 모두 포함하는 용어라고 해석할 수 있다.

일반인에게 모두 적용되는 내용을 규율하는 과정에서 청소년이나 아동의 연령대에 해당하는 경우 별도로 분류하기도 한다. 예를 들어 민법과 형법에서는 성인과 대비되는 표현으로 청소년과 유사하게 각각 미성년자와 형사미성년자라는 용어가 사용된다. 민법상 미성년자는 19세 미만인 자를, 형법상 형사미성년자는 14세 미만인 자를 지칭한다. 도로교통법에서는 어린이를 13세 미만인 자로, 근로기준법에서는 연소자를 15세 미만인 자로 규정한다. 이처럼 유사한 용어이지만 다른 연령대를 지칭하거나 유사한 연령대이지만 다른 용어로 표현하는 것은 각 법령에서 보호하고자 하는 이익과 목적이 다르기 때문이다.

아동·청소년은 기본권의 주체가 되지만 정신적·육체적 미성숙이라는 특수성으로 인해 불이익이나 위험 등으로부터 보호할 필요성이 언급되기도 한다. 그러나 아동·청소년을 보호하기 위한 기본권 제한이 오히려 기본권을 침해하는 것으로 귀결되기도 한다. 예를 들어 헌법재판소는 18세 미만 소년의 당구장 출입을 금지한 '체육시설의 설치이용에 관한 법률 시행규칙'이 청소년의 기본권인 행복추구권을 침해하고 있다고 심판했다. 학생 보호와 행복 추구라는 가치를 저울질했을 때, 당구장 출입 금지를 통해 얻을 수 있는 학생 보호의 크기보다 그로 인해 침해되는 학생의 행복 추구라는 가치가 더 크다는 것이다.

대부분의 아동과 청소년은 학교에 다니는 학생이다. 따라서 학교라는 공간에서 학생들의 인권이 제한될 소지가 큰 요인을 살펴볼 필요가 있다. 전문가들은 학생들이 학교라는 조직에 들어오는 순간 암묵적으로 특별한 지위를 갖게 되었다는 사실에 주목해왔다. 이는 '특별권력관계 이론'에 근거하는데, 특별권력관계란 법률상 규정이나 동의 같은 특별한 법률 원인에 의해 일정한 공법상의 목적에 필요한 범위 내에서 '포괄적으로 당사자의 한쪽이 상대방을 지배하고, 그 상대방은 복종함을 내용으로 하는 권력관계'를 말한다. 이를 교사와 학생에 적용하면, 국·공립학교 입학을 의무적 또는 임의적 동의에 의한 특별권력관계 성립으로 보고, 교사는 개별적인 법률의 근거 없이도 교육과 지도라는 목적을 수행하는 범위 내에서 광범위한 재량권을 갖고 학생들의 기본권을 제한할 수 있었다.

그러나 오늘날 이와 같은 전통적인 특별권력관계론은 많은 비판을 받으며, 특별권력관계에 있다는 이유로 법률적 근거 없이 기본권을 제한하는 것은 허용되지 않고 있으며, 권리 침해 여부에 대한 사법심사도 이루어지고 있다.

학생 인권을 침해하는 것들

 과거와 같이 전통적인 특별권력관계가 인정되지는 않더라도 입학과 더불어 학생은 학교라는 일정한 구조적인 틀 안에서 생활한다. 따라서 학교에서 인권이 침해되거나 제한될 위험성이 있는 구조적인 요인들을 좀더 살펴보는 것이 중요하다.

 학생은 입학과 더불어 법령에서 제시하는 국가교육과정에 따라 정해진 교육을 받는다. 이런 교육활동은 교육기본법, 초중등교육법과 그 시행령 등 몇 가지 중요한 법령에 기초해 이루어지고 있다. 또한 일상적인 학사 운영이나 학교생활은 학교 규칙에 따라 이루어지도록 하고 있다. 따라서 학교에서 실질적으로 학생들의 일상적인 삶에 영향을 미칠 수 있는 것은 '학교 규칙'이라고 할 수 있다.

 학교 규칙은 초중등교육법 제8조 제1항에 따라 학교의 장이 법령의 범위에서 제·개정할 수 있다. 따라서 최소한의 수업일수나 이수 단위(학점), 출석 일수 등 법령에서 반드시 준수하도록 정해진 내용 이외에 학교 규칙은 학교마다 조금씩 다르다. 이에 따라 학교에서 학생 인권과 관련해 논의할 때는 학교 규칙을 살펴보는 것이 중요하다.

초중등교육법 시행령 제9조(학교규칙의 기재사항 등) 제1항에서는 학교 규칙의 기재 사항을 다음과 같이 제시하고 있다.

법 제8조에 따른 학교의 학교규칙(이하 '학칙'이라 한다)에는 다음 각 호의 사항을 기재해야 한다.〔개정 2005.1.29., 2011.3.18., 2012.4.20., 2012.10.29., 2020.2.25., 2022.8.30〕

1. 수업연한 · 학년 · 학기 및 휴업일
2. 학급편제 및 학생정원
3. 교과 · 수업일수 및 고사와 과정수료의 인정
4. 입학 · 재입학 · 편입학 · 전학 · 휴학 · 퇴학 · 수료 및 졸업
5. 조기진급, 조기졸업 및 상급학교 조기입학 자격 부여
6. 수업료 · 입학금 기타의 비용징수
7. 학생 포상, 징계, 교육목적상 필요한 지도 방법, 학업 중단 예방 및 학교 내 교육 · 연구활동 보호에 관한 사항 등 학생의 학교생활에 관한 사항
8. 학생자치활동의 조직 및 운영
9. 학칙개정절차
10. 기타 법령에서 정하는 사항

이 학교 규칙 항목 중에서 특히 일곱 번째로 제시된 '학생 포상, 징계, 교육목적상 필요한 지도 방법 및 학교 내 교육, 연구 활동 보호에 관한 사항 등 학생의 학교생활에 관한 사항'은 학생들의 일상적인 영역에서의 권리 내용과 권리행사에 많은 영향을 줄 수 있음을 예측할 수 있다. 학생 징계 내용이나 방식, 교육 목적상 필요한 지도 방법 등에 관한 내용이 학교장에게 위임되어 있기 때문이다. 징계는 학생의 학습권, 신체의 자유, 인격권 등에 중대한 영향을 미친다. 이런 이유로 국가인권위원회는 징계 방식은 법령에서 규정하는 것이 타당하다는 의견을 제시하기도 했다.

학교 규칙은 학교 구성원들이 교육과 학생을 바라보는 관점에 따라 그 내용이 다양한 양상을 보인다. 예컨대 외적 강제와 훈육에 의한 교육의 효과를 신뢰하는 학교문화에서는 학생 징계 방법으로 체벌에 대해 허용적인 규정을 선호할 수도 있다. 이런 경우 체벌이나 두발, 복장 등에 있어서 학생 인권침해는 학교 규칙에 의해 관행적으로 교육이라는 명분하에 정당화되어 일상적·반복적으로 학생 인권을 침해할 위험성이 있다.

이런 이유로 학교에서는 학교 규칙을 정할 때 학교 공동체 주체들이 모두 참여해 학생의 인권을 존중하면서도 교육적인 목표를 달성할 수 있는 방향으로 교칙을 마련하는 것이 중요하다. 해당 교칙이 학생들의 전인적 성장을 위한 교육의 목적에 얼마나 기여할 수 있으며, 혹시 학생들의 인권을 과도하게 제한하고 있지 않은지 등 학생의 관점에서 인권 감수성을 지니고 접근할 필요가 있다. 또한 학교 규칙 내용과 제 · 개정 과정에서 교육 공동체 구성원의 참여는 학교의 인권 친화적 문화를 가늠해볼 수 있는 핵심 요소라는 점에서 다양한 참여 방법을 모색해야 할 것이다.

나와 모두를 위한
권리

아동과 청소년에게 인권 친화적인 학교문화를 만들기 위해서는 아동 · 청소년 인권을 규정하고 있는 법규들에 대한 이해가 중요하다. 앞에서 살펴본 바와 같이 학생들도 우리나라 국민이라면 누구에게나 부여되는, 헌법에서 확인하고 있는 기본적인 인권인 기본권을 누릴 수 있다. 또한 다음과 같이 청소년과 아동을 위한 기본적인 권리와 인권의 목록을 제시하고 있는 규정들이 있다.

먼저, 유엔아동권리협약을 들 수 있다. 유엔아동권리협약은 18세 미만 모든 아동의 권리를 보장하기 위한 인권 조약이며 최초로 아동을 권리의 주체로 인정한 국제협약으로 1989년 비준되었다. 우리 정부는 1991년 유엔아동권리협약을 비준했고, 5년마다 유엔아동권리위원회에 협약 이행 보고서를 제출하고 심의를 받는다.

유엔아동권리위원회 최종 견해에 담긴 권고 사항은 청소년 인권 신장을 위해 정부와 사회가 따라야 하는 최소한의 가이드라인이다. 유엔아동권리협약은 전문과 54개 조항으로 이루어져 있고, 국제인권규약이 규정한 사회, 문화, 경제, 정치, 시민권을 아동에게도 적용하도록 보장하고 있다. 협약에 따르면 아동·청소년의 인권은 생존의 권리, 보호의 권리, 발달의 권리, 그리고 참여의 권리의 네 가지 기본권으로 나누어 접근할 수 있다.

아동·청소년 인권의 내용

생존의 권리	적절한 생활수준을 누릴 권리, 안전한 주거지에서 살아갈 권리, 충분한 영양을 섭취하고 기본적 보건 서비스를 받을 권리 등 기본적인 삶을 누리는 데 필요한 권리.
보호의 권리	모든 형태의 학대와 방임, 차별, 폭력, 고문, 징벌, 부당한 형사처벌, 과도한 노동, 약물과 성폭력 등 아동에게 유해한 것으로부터 보호받을 권리.
발달의 권리	잠재능력을 최대한 발휘하는 데 필요한 권리, 교육받을 권리, 여가를 즐길 권리, 문화생활을 하고 정보를 얻을 권리, 생각과 양심과 종교의 자유를 누릴 권리.
참여의 권리	자신의 생활에 영향을 주는 일에 대해 의견을 말하고 존중받을 권리, 표현의 자유, 양심과 종교의 자유, 평화로운 방법으로 모임을 자유롭게 열 수 있는 권리, 사생활을 보호받을 권리, 유익한 정보를 얻을 권리.

다음으로 교육기본법과 초중등교육법에 규정된 학생 인권 보장과 관련한 내용을 들 수 있다. 교육기본법은 헌법 제31조에서 명시한 교육을 받을 권리를 보장하기 위한 국민의 권리와 의무, 교육제도 운영에 관한 기본적인 사항을 규정하고 있다. 특히 교육기본법 제12조 제1항과 제2항에서 학습자의 기본적 인권 보장을 제시하고 있으며, 학생의 잠재력을 계발하기 위한 교육의 내용과 방

법 등이 학습자의 인격을 존중하고 개성을 중시하는 방식으로 마련되도록 하고 있다.

교육기본법 제12조(학습자)
① 학생을 포함한 학습자의 기본적 인권은 학교교육 또는 평생교육의 과정에서 존중되고 보호된다. 〔개정 2021.9.24.〕
② 교육내용·교육방법·교재 및 교육시설은 학습자의 인격을 존중하고 개성을 중시해서 학습자의 능력이 최대한으로 발휘될 수 있도록 마련되어야 한다.

초중등교육법은 교육기본법 제9조에 따라 초·중등교육에 관한 사항을 정하고 있는데, 초중등교육법 제18조 4(학생의 인권보장 등)에서는 다음과 같이 포괄적으로 학생의 인권이 보장되어야 함을 명시하고 있으며, 또한 학생은 다른 학생의 인권을 침해하면 안 된다는 의무 조항이 담겨져 있다.

① 학교의 설립자·경영자와 학교의 장은 '헌법'과 국제인권조약에 명시된 학생의 인권을 보장하여야 한다. 〔개정 2022.12.27.〕
② 학생은 교직원 또는 다른 학생의 인권을 침해하는 행위를 하여서는 아니 된다. 〔신설 2022.12.27.〕

이외에 전국 시도 및 광역자치단체에서 학생인권조례 혹은 학교 구성원 인권증진 조례 등을 제정해서 학생의 권리와 인권 관련 내용을 명시하고 있다. 학생인권조례는 헌법과 유엔아동권리협약, 교육기본법, 초중등교육법 등 학생 인권에 관한 상위법의 규정에 근거해 학생의 인권이 학교 교육과정에서 실현되어 인간으로서의 존엄과 가치 및 자유와 권리를 보장하는 것을 주된 목적으로 제정된 지자체 수준의 법규다. 학생인권조례는 2010년 경기도에서 최초로 제정된 이후 6개 광역자치단체에서 제정되었고, 인천은 학교구성원 인권증진조례라는 이름으로 제정되었다. 한편 2023년 7월 서울의 서이초등학교에서 민원에 시달리던 교사가 사망한 '서이초 사건' 이후로 교사 교권이 주목받으면서 몇몇 지역에서는 학생인권조례 폐지나 개정 등 조례에 대한 재정비 논의가 진행되고 있다.

학생인권조례에는 주로 차별받지 않을 권리, 폭력이나 위험으로부터 안전할 권리, 두발 복장 등 사생활의 비밀과 자유 등이 규정되어 있다. 제주특별자치도의 경우 차별받지 않을 권리에서 임신 또는 출산, 성적 지향, 성별 정체성 등의 사유가 제외되었고, 인천광역시의 경우에는 학생 이외에도 교직원과 보호자를 포함해 학교구성원 인권증진 조례를 제정하는 등 학생인권조례의 구체적인 내용은 시도마다 차이를 보이고 있지만, 공통적으로 학교공동체 안에서 학생의 인권과 권리의 중요성을 다루고 있다.

학생 인권침해를 판단하는 원칙

학생의 인권이 침해되었는지 어떻게 알 수 있을까? 학생 인권의 침해 여부를 판단하는 데 유용한 몇 가지 중요한 원칙을 생각해볼 수 있다. 유엔아동권리협약에 실린 원칙과 일반적으로 기본권 제한에 대한 법적 판단을 할 때 근거로 삼는 원칙들이 그것이다.

우선 유엔아동권리협약에서 명시하고 있는 원칙들을 살펴보자. 유엔아동권리협약 54개 조항 중 4개 조항이 이해 해당하며, 이 조항들은 협약 내용을 관통하는 일반 원칙으로 협약의 모든 조항을 해석하는 기준이 된다. 첫 번째는 '비차별의 원칙'(협약 제2조)으로, 모든 아동은 부모, 인종, 종교, 언어, 빈부, 장애 여부와 상관없이 동등한 권리를 누려야 한다는 것이다. 두 번째는 '아동 최선의 이익 원칙'(협약 제3조)으로, 아동에게 영향을 미치는 모든 결정을 할 때 아동 이익을 최우선으로 고려해야 한다는 것이다. 세 번째는 '생존 및 발달 보장의 원칙'으로, 생애 시기에 특별히 생존과 발달을 위해 다양한 보호와 지원을 받아야 함을 말한다. 마지막으로, '참여의 원칙'(협약 제12조)은 책임감 있는 어른이 되기 위해 아동은 자신의 능력에 맞게 적절한 사회활동에 참여할 기회를 얻고, 자신의 생활에 영향을 주는 일에 의견을 말할 수 있어야 하며 그 의견을 존중받을 수 있어야 한다는 것이다. 이 네 가지 기본 원칙은 협약의 각 조항과 관련한 정책 추진 과정에서 반드시 고려되는 요소다.

다음으로, 일반적으로 기본권 제한에 적용되는 법 적용 원칙을 살펴보자. 헌법에서 보장하는 기본적인 인권, 즉 기본권 내용은 인간이 세상에 태어나 스스로 자기의 문제를 결정하고 행복을 추구하며 삶을 영위하는 것을 보장하는 것이다. 인간은 공동체 이전에 자연적으로 존재하는 삶을 전제로 한다. 그러나 공동체 내에서 살다 보면 공동체의 존속을 위해서 뿐만 아니라 공동체 내 다른 구성원의 삶과 공존하기 위한 질서가 존재하기 때문에 개인의 권리 행사에 일정 부분 제한이 필요하다.

그러나 이런 경우에도 개인의 기본권을 제한하는 데에는 일정한 한계가 존재한다. 즉 국민의 모든 자유와 권리는 국가안전보장, 질서유지 또는 공공복리를 위해 필요한 경우에 한해 법률로써 제한할 수 있고, 법률로써 제한하는 경우에도 자유와 권리의 본질적인 내용은 침해할 수 없도록 하고 있다. 이를 '과잉 제한 금지의 원칙'이라고 한다. 과잉 제한 금지의 원칙은 국가권력이 정당한 목적을 달성하기 위해 필요한 범위 내에서만 행사되어야 한다는 내용을 가진 법 원리다. 국가 행위라고 해도 적정 수준을 넘어 과도한 것이어서는 안 되며, 이는 기본권 제한에만 적용하는 것이 아니라 모든 국가작용에 적용된다. 현대 법치국가의 원리에서 보면 당연히 도출되는 원칙이라 할 수 있다.

과잉 제한 금지의 원칙은 세 가지 하위 원칙으로 구성되는데, 적합성의 원칙, 필요성의 원칙, 비례성의 원칙이 그것이다. 적합성의 원칙은 기본권 제한의 수단이나 방법이 제한의 목적을 실현하는 데에 성질상 적합해야 함을 말한다. 필요성의 원칙은 기본권 제한의 수단 또는 방법이 여러 개 있고 그것이 제한의 목적을 똑같이 실현한다면 그중에서 기본권을 최소로 제한하는 방법을 선택해야 한다는 것을 의미한다. 비례성의 원칙은 기본권 제한의 수단 또는 방법이 적합성의 원칙과 필요성의 원칙을 충족시키는 것이더라도 그 제한을 받는 기본권 주체가 이를 수인할 수 없을 정도의 것이어서는 안 된다는 것을 말하는데, 이는 '수인 가능성의 원칙'이라고도 한다. 기본권 제한의 목적을 달성할 때 방법이 적합하고 최소의 피해를 가져오는 것이더라도 기본권 주체인 학생이 이를 감당할 수 없을 정도로 불합리한 것이라면, 아무리 기본권 제한으로 얻고자 하는 일반적인 이익이 존재하더라도 비례 원칙상 기본권 제한이 허용되지 않는다는 것을 의미한다. 감당할 수 없는 수단을 허용하는 것은 사실상 기본권 주체인 학생에게 해당 기본권을 부정하는 것과 같기 때문이다.

이런 부분 원칙들은 과잉 제한 금지의 원칙에 충족하는지를 판단할 때는 적합성, 필요성, 비례성의 단계로 순차적으로 나아가며, 세 가지 중 어느 하나의 원칙이라도 충족하지 않으면 과잉 제한 금지의 원칙에 어긋나 헌법에 위반된다. 따라서 과잉 제한 금지의 원칙은 아동이나 청소년의 기본권이 제한될 때 필요한 경우에 한해 제한되고 있는지, 그 제한의 정당성을 살펴보도록 함으로써 아동 인권침해가 최소화되고 인권이 최대한 보장되도록 하는 데 기여할 것이다.

한편 과잉 제한 금지의 원칙이 적용되는 대부분의 경우 구체적인 여건과 상황에 의해 기본권 침해 여부가 결정된다. 따라서 과잉 제한 금지의 원칙을 적용하는 당시의 구체적이고 현실적인 여건에 따라 유사한 사건임에도 다르게 결정되기도 한다. 이에 따라 장기적으로 볼 때 동일한 국가 내에서도 법이 적용되는 현실의 조건이 변화함에 따라 다른 판단 결과가 도출될 여지도 있다.

함께 고민할 때
길이 보인다

학교에서 학생들의 기본적인 인권 보장에 가장 위협적인 요소 중 하나는 학생에게 폭력을 행사하는 것이다. 학생에 의한 것이든 교사에 의한 것이든 학생에 대한 폭력은 개인의 신체적·정신적 안정과 복지를 해하는 것으로 학생 개인에게 평생 회복되기 어려운 상처로 남기도 한다.

학교폭력예방 및 대책에 관한 법률(이하 '학교폭력예방법')에 따르면 학교폭력이란 학교 내외에서 학생을 대상으로 발생한 상해, 폭행, 감금, 협박, 약취·유인, 명예훼손·모욕, 공갈, 강요·강제적인 심부름 및 성폭력, 따돌림, 사이버폭력 등에 의해 신체·정신 또는 재산상의 피해를 수반하는 행위를 말한다. 개념을 통해 볼 때 학교폭력 유형은 신체폭력, 언어폭력, 금품 갈취, 강요, 따돌림, 성폭력, 사이버폭력 등이 있다. 학교폭력 유형은 예시적으로 열거한 것일 뿐, 학생을 대상으로 발생하는 신체적·정신적·재산상 피해를 수반하는 모든 폭력 행위를 아우르며, 형법상

범죄 개념과 일치하지는 않는다.

학교에서 학교폭력은 주로 학생과 학생 간의 폭력이 해당하며, 교사에 의한 아동 가혹행위나 유기 및 방임은 아동학대로 처벌받는다. 교사는 학교에서 사실상 보호 감독하는 자로 간주되므로, 부모와 더불어 아동복지법에서 규정하는 보호자에 해당하기 때문이다. 따라서 여기서는 주로 학생과 학생 간 학교폭력만 다루고자 한다.

학교폭력예방법은 학교폭력의 예방과 대책에 필요한 사항을 규정해서 피해학생 보호와 가해학생 선도·교육 및 가·피해 학생 간 분쟁조정을 통해 학생 인권을 보호하고 건전한 사회 구성원으로 육성하기 위한 목적으로 2004년에 제정되었으며, 2024년 11월 현재 기준 총 31차례 개정되었다. 2019년 8월 법 개정에 따라 학교는 학교폭력에 대한 조사만 담당하고, 심의와 통보는 모두 교육지원청이 담당하는 구조로 되어 사안 처리의 주체가 이원화되었다. 학교장 자체해결제도가 신설되어 학교폭력 사안 접수 후 학교의 학교폭력 전담기구 조사를 거쳐, 일정 요건에 해당하는 경미한 학교폭력은 학교장의 적절한 생활지도를 통한 교육적인 해결이 가능해졌다.

가해학생에 대한 조치 사항은 학교생활기록부에 기재 및 관리되며, 2020년 2월 법 개정으로 제1호에서 제3호 조치에 대한 이행은 동일 학교급에서 다른 학교폭력 사안으로 가해학생 조사를 받지 않은 경우 기재하지 않는다. 또한 피해학생의 심리적 불안 해소와 2차 피해 방지 차원에서 특별한 사정이 없는 한 가해학생과 피해학생을 3일 이내에서 분리해야 한다. 학교폭력예방법 제16조 조치 사항은 다음과 같다.

1. 피해학생에 대한 서면사과
2. 피해학생 및 신고·고발학생에 대한 접촉, 협박 및 보복행위 (정보정보통신망을 이용한 행위를 포함한다) 금지
3. 학교에서의 봉사
4. 사회봉사
5. 학내외 전문가에 의한 특별교육이수 또는 심리치료
6. 출석 정지
7. 학급 교체
8. 전학
9. 퇴학처분

학교폭력 현황을 살펴보자. 학교폭력의 저연령화로 전반적으로 학교폭력이 증가하고 있으며, 유형도 광범위하게 발생하고 있다. 학교폭력 유형은 시간이 지날수록 신체적 폭력 등 전통적인 폭력에서 언어폭력, 사이버폭력 위주로 가해 방법이 다양해지고 있다. 최근 교육부가 발표한 17개 시도교육청 실시 2024년 1차 학교폭력 실태조사(전수조사)[1] 결과에 따르면, 모든 학교급에서 언어폭력 비중이 가장 높게 나타났다. 이는 신체적으로 드러나지는 않지

만, 이로 인한 정신적인 고통은 지속적·반복적일 수 있다는 점에서 그 심각성이 크다고 할 수 있다. 초등학교에서는 신체 폭력이, 중학교와 고등학교에서는 집단따돌림이 가장 높게 나타났다. 사이버폭력은 초등학교에서 중학교, 고등학교로 학교급이 올라갈수록 높게 발생하고 있는데, 특히 온라인이나 SNS에서 특정 학생에 대한 괴롭힘이나 언어폭력 등이 빈번하게 이루어지고 있음을 알 수 있다. 또한 모든 학교급에서 같은 반 학생이 주된 가해자인 것으로(초등학교 48.4%, 중학교 48.3%, 고등학교 45.8%), 피해 장소도 주로 교실 안인 것으로(초등학교 28.4%, 중학교 31%, 고등학교 30%) 조사되었다.

2024년 학교폭력 피해 유형별 비율

구분	언어 폭력	신체 폭력	집단 따돌림	강요	사이버 폭력	스토킹	성폭력	금품 갈취
전체	39.4	15.5	15.5	5.7	7.4	5.3	5.9	5.4
초등학교	39.0	16.7	14.3	6.3	6.3	6.2	5.4	5.7
중학교	40.0	13.5	17.7	4.6	9.2	3.4	6.7	4.9
고등학교	41.3	11.6	17.6	4.2	10.4	3.7	7.2	4.0

학교폭력은 왜 지속적으로 발생하고 있을까? 청소년기에 나타나는 감정적·신체적인 변화 과정에서 개인적·가정적·학교적·사회문화적 원인으로 가정과 학교에서의 부적응 현상이 반사회적 행위로 나아가 학교폭력이 되기도 한다.

　개인적인 원인으로는 심리학적·성격적·생물학적 요인 등으로 자신의 언어나 신체 행동을 통제하는 능력이 부족해서 습관적으로 폭력적 행위로 나아가는 경향이 있을 수 있다. 또한 가정적으로 가족 구성원 간 정서적 관계가 약화되거나 가정폭력 경험 등에서 비롯되는 경우도 있다. 학교 원인으로는 학력 중시 사회, 교사와 학생 간 비인격적 관계, 성적 비교에서 오는 긴장감 증대 등이 지목된다. 사교육 심화로 인한 교실 문화 붕괴, 관료적이고 순응을 요구하는 학교문화, 지역사회의 무관심 등 학교문화와 관련된 요인들도 포함된다. 사회문화적 원인으로는 대중매체에 빈번한 노출이나 유해환경 영향, 또는 계층 격차에서 오는 소외감 등이 원인이 되기도 한다.

학교폭력이 발생하는 원인은 다양한 차원의 요인들이 매우 복합적으로 작동한다고 할 수 있다. 이와 같은 요인 이외에 학교폭력은 근본적으로 가해학생과 피해학생에 대한 이분법적 접근을 취하기 때문에 실제 학교폭력이 발생했을 때 그것의 원인 규명과 해결이 더 어렵기도 하다. 처음부터 가해학생과 피해학생으로 규정하고 가해학생에는 징계 등이, 피해학생에게는 보호와 피해 회복 지원이 규정되어 있다.

그러나 현실적으로 가해자와 피해자를 명확히 구분하기 어려운 경우도 많고, 경우에 따라 사건조사가 진척될수록 가해자와 피해자가 바뀌기도 하며, 쌍방 간 소송전으로 악화되기도 한다. 또한 사전예방보다는 사후 징계 위주의 시스템이 작동되어 사소한 실수에서 비롯한 갈등 상황에 대해서도 과도하게 방어적으로 되고,

조치 이행 이후에도 피해자 보호나 회복이 지속적이지 않고, 가해자의 선도와 교육 효과는 미미하고 복수심과 증오심을 갖기도 한다. 피해학생과 가해학생이 서로 모르는 사이가 아니라 학교공동체나 학급과 같이 같은 공간에서 지속적으로 생활해야 하는 경우가 대부분이어서 완전한 해결이 되기까지 공동체에 미치는 영향도 크다고 할 수 있다.

그러면 학교폭력은 어떤 관점에서 대처하는 것이 좋을까? 이에 대해 정답을 제시하기는 쉽지 않다. 무엇보다 이분법적인 가해자·피해자 관점에서 벗어나 모두가 공존하는 평화로운 공동체 문화를 만드는 관점으로의 전환이 필요하다. 지속적인 폭력과 성 사안을 제외한 경우 회복적인 대화 모임은 학교폭력 사건 발생의 근본적인 원인을 성찰하게 하고, 오해나 과장되게 생각했던 내용을 조정할 수 있어서 가해학생과 피해학생의 관계가 회복될 확률이 높다.

학생을 대상으로 한다는 점에서 규칙에 따라 처벌하더라도 폭력 행위에 대한 성찰과 교육적 차원의 지도 및 상담이 병행되도록 하는 것이 중요하다. 가해학생과 피해학생 모두 공동체 구성원으로 보고, 피해학생은 조정과 화해 등 회복 프로그램을 통해 치유되고, 가해학생은 자신의 행동을 돌아보며 책임의식을 갖도록 하는 인권 교육이 중요하다. 무엇보다도 폭력이 공동체 평화를 해치는 범죄라는 인식과 인권 감수성을 지니도록 수업과 일상생활에서 관계 중심 교육이 더욱 강조될 필요가 있다. 학생들은 평화로운 공동체 문화 속에서 공식적인 교육활동을 통해서 뿐만 아니라 잠재적으로도 서로를 존중하고 자신을 돌아보는 마음의 자세를 지닐 것이다.

간접체벌은 정말
교육적일까

　과거 학생 교육을 목적으로 학교에서의 체벌이 당연한 것으로 허용되어 온 적이 있었다. '사랑의 매'라는 표현을 통해 알 수 있듯이 학생을 위한다는 교육적인 의도만 분명하다면 육체적 고통을 가하는 체벌도 용인되었던 것이다. 그러나 이제는 아무리 교육적으로 필요하더라도 학생을 체벌하는 것은 폭력에 해당하며, 인간으로 존엄과 행복을 해치는 중대한 범죄라는 것이 사회적으로 강하게 인식되고 있다. 2010년에 한 학교의 담임교사가 혈우병을 앓고 있던 학생을 심하게 체벌해서 크게 논란이 된 적이 있었다. 그 일을 계기로 체벌 금지에 대한 공론화가 본격적으로 이루어져 개정된 초중등교육법에 따라 2012년 3월부터는 직접적인 체벌은 금지되었다. 초중등교육법 제40조의 3 학생생활지도에서도 학교의 장과 교원이 조언, 상담, 주의, 훈육과 훈계 등 방법으로 학생을 지도하더라도 도구, 신체 등을 이용하여 학생의 신체에 고통을 가하는 방법을 사용해서는 안 된다고 명시하고 있다.

그러면 간접체벌은 허용해야 할까? 수업 시간에 떠들었다는 이유로 교실 뒤로 가서 벽을 보고 서서 반성하도록 하는 것이 온당할까? 간접체벌은 도구나 신체를 사용해 물리적인 폭력을 가하는 직접 체벌의 상대적인 개념으로 과거에는 흔히 얼차려로 일컬어지기도 했다. 정부는 간접체벌과 훈육적 체벌을 명확하게 금지하고 있지는 않은 상황이다.

학교 규칙에 간접체벌을 규정해서 학생 교육 수단으로 활용하고 있거나 개별 교사에 의해 교육적 지도의 일환으로 이루어지기도 한다. 예를 들어 학생이 숙제를 하지 않았다는 이유로 수업 시간에 30분 동안 앉았다 일어났다 하는 행위를 수 번 반복하도록 한다거나, 점심시간에 먼저 밥을 먹으려고 했다는 이유로 학생들에게 오리걸음으로 운동장을 몇 바퀴 돌게 하는 사례 등이 문제가 된 적도 있었다. 이와 같은 간접체벌 과정에서 학생은 모욕감과 수치감, 낮은 자존감을 느낀다. 경우에 따라서는 극심한 육체적인 고통으로 이어져 건강이 악화되고 위험에 처해질 수도 있다.

간접체벌이 허용되어야 한다는 입장에서는 교육의 현실과 특수성을 고려할 때 필요성을 지닌다고 주장한다. 직접체벌이 금지된 상황에서 간접체벌마저 허용되지 않으면 교사의 학생생활지도가 매우 어렵다는 것이다. 체벌 전면 금지 이후 교실 붕괴와 교권 추락이 심각해지고 있어서 직접체벌은 금하더라고 수업을 방해하고 교사의 정당한 지도를 거부하는 학생에게는 교육적인 벌을 내릴 수 있어야 한다고 주장한다. 또한 간접체벌은 직접체벌에 비하면 더 안전하고 고통이 덜해 교육적인 목적으로 용인되어야 한다는 것이다.

간접체벌은 학생 인권에 반해 절대 허용되어서는 안 된다는 입장에서는 간접체벌이 상당한 심리적 고통을 준다는 점에서 직접체벌에 비해 더 안전하거나 덜 고통스럽다는 근거가 없다고 본다. 학교 붕괴나 교권 실추는 체벌이 없어서가 아니라 학교에서 배움이 일어나지 않기 때문이며, 문제 행동이 일어나는 구조를 파악하고 개선하도록 학생과 소통하는 것이 중요하다는 입장이다.

무엇보다 간접체벌은 당장의 신체적인 고통을 당하지 않기 위해 문제 행동을 멈추는 것이어서 잘못을 성찰하고 옳은 행동을 내면화하는 것이 아니므로, 문제 행동이 반복될 수밖에 없고, 문제 행동을 줄이기 위해서는 간접체벌의 강도도 높아지는 악순환으로 이어질 수밖에 없다고 본다. 도구나 신체를 이용하지 않는다고 해서 체벌이 안고 있는 인권침해적이고 비교육적인 요소가 근본적으로 사라지는 것은 아니며, 간접체벌과 직접체벌은 명확하게 구별되기도 힘들어, 체벌 금지라는 원칙에서 볼 때 모든 종류의 체벌은 금지해야 한다는 것이다.

간접체벌이 학생 인권을 침해하는지 여부는 인권 보장의 궁극적인 목적과 인권 제한의 원칙, 과잉 제한 금지의 원칙 등에 비추어 판단해볼 수 있다. 학급활동 시간에 떠든 것에 대해 학급 전체 학생이 책상 위에 무릎을 꿇도록 하는 것이 학생의 행복과 존엄 보장을 위해 적합한 방법이고 유사한 방법들 중 최소의 피해를 가져오며 학생들이 감당할 만한 것일까? 만약 그렇다면 이런 교사의 간접체벌 지도는 허용될 수 있다는 결론을 내릴 수 있을 것이다.

반면에 유사한 교육적 목적을 달성하면서도 교실 책상 위에 올라가 무릎을 꿇는 것이 아닌 다른 방법이 존재하고, 그것이 학생들에게 피해가 덜 가는 것이라면 교사는 굳이 이런 지도 방법을 선택하면 안 될 것이다. 국가인권위원회나 청소년 인권 단체에서는 이와 같은 간접체벌도 신체의 자유를 침해하는 인권침해적 행위라고 보고 있다. 광역자치단체의 학생인권조례에서는 간접체벌을 금지하고 있다. 2019년 유엔아동권리위원회는 대한민국 정부가 제출한 보고서에 관한 최종 견해에서 간접체벌 및 훈육 등 체벌금지를 권고한 바 있다.

교내 휴대전화 사용은
어디까지

　최근 학교에서 학생 인권침해와 관련해서 가장 많이 거론되고 있는 것 중 하나는 휴대전화 소지를 엄격히 제한하는 것과 관련된 것이다. 청소년의 휴대전화 사용과 의존도는 지속적으로 증가해 왔으며, 코로나19 상황을 겪으면서 그 현상은 더욱 증가했다. 감염병 상황에 따라 언제라도 원격수업이 가능한 시스템이 구축되어 있고, 휴대전화를 이용한 수업이나 설문조사, 가정통신문 발송 등 수업 또는 교육활동에 휴대전화를 활용하는 경우도 증가하고 있다. 가정 내 생활시간이 늘어나면서 온라인 및 휴대전화 사용시간 역시 증가했다.

　한국지능정보사회진흥원의 '2023 스마트폰 과의존 실태조사' 보고서에 따르면 청소년의 스마트폰 잠재적 위험군이 약 34.9%에 이르고 있는 것으로 나타났다. 휴대전화를 가지고 있지 않으면 불안해하는 현상인 '노모포비아증후군', 디지털 기기의 과도한 사용으로 젊은 나이에 겪는 심각한 건망증을 의미하는 '영츠하이

머' 등 신조어도 생겼다. 청소년의 스마트폰 과사용과 의존은 신체 건강뿐 아니라 학교생활 적응, 대인관계, 정신건강 등에 있어서 다양한 문제를 유발한다고 한다.

이런 사회적 추세 속에서 학교에서도 휴대전화를 사용하는 학생이 많아, 학생 휴대전화 소지를 둘러싼 논쟁이 많이 발생하는 상황이다. 학생생활규정에 따라 학생들의 휴대전화를 수업 시작 전에 수거해서 종례 때 돌려주고 있으며, 규정 위반 시 벌점을 부여하고 있는 경우도 있다. 2021년 8월 실시된 지역의 한 인권단체 조사에 따르면 중학교의 80.7%, 사립고등학교의 71.4%, 공립고등학교의 70.6%가 휴대전화 학교 내 반입 금지 규정을 두고 있다고 한다.

학교에서 휴대전화 사용을 금지해야 한다는 입장에서는 자제력이 부족한 청소년들에게 휴대전화를 자유롭게 사용하도록 허락하면 학습 집중력도 떨어지고 의존도가 높아져서 사회성과 소통능력을 기르는 데에도 방해가 된다고 주장한다. 또한 수업 시간 중 휴대전화 사용으로 교사의 지도를 받고, 그런 과정에서 다른 학생의 학습 여건이 악화되고 학습권이 침해된다는 것이다. 몰래 교사나 학생을 촬영한다든지 일부 학생의 경우 사행성 게임을 가는 경우도 있어 교권 침해 가능성도 있고 부작용이 심하다는 것이다. 캐나다의 경우 2011년 휴대전화 사용을 허용했지만 2019년부터 온타리오주 전체에서 전면적으로 금지하고 있다는 예시를 들며 세계적으로도 휴대전화 교내 사용이 금지되는 추세라고 주장하기도 한다. 무엇보다 학교 규칙을 통해 구성원의 의견을 수렴하는 등의 절차를 거쳐 휴대전화를 수거하고 있으니 학생 인권이 침해될 소지가 없다고 보고 있다.

반면에 휴대전화 사용을 허가하는 입장에서는 휴대전화가 단순히 소통을 위한 수단만이 아니고 정보를 제공받고 수업 자료를 기록하는 등 다양한 기능을 하고 있다는 점을 강조한다. 실제 휴대전화를 이용해 수업을 진행하는 교사도 증가해 일률적으로 수거하는 것은 교육적 활용도를 낮추며, 교사들도 휴대전화가 없으면 불안해하는 경우가 많은 것처럼 학생들에게 종일 사용을 금지하는 것은 과도하며, 오히려 수업에 지장을 주지 않는 범위에서 규칙을 두어 자유롭게 사용하도록 할 필요가 있다고 주장한다.

2023년 7월 유네스코(UNESCO)는 보고서를 통해 교실 내 혼란과 학습 부진, 사이버 괴롭힘을 막기 위해 교내 스마트폰 사용 금지를 권고했다. 과도한 휴대전화 사용이 교육 성과를 줄이고 휴대전화 등 화면에 장기간 노출되면 어린이의 정서적 안정에 부정적인 영향을 미친다는 증거가 있다고 설명하면서, 디지털 기술이 교사와 학생 간 대면 상호작용을 대체할 수 없다는 메시지를 보내는 것이라고 했다.

최근 국가인권위원회는 기존까지 일관적으로 지녀 온 입장을 바꾸어 고등학교에서 학생 휴대전화를 수거하는 것은 인권침해가 아니라는 판단을 내렸다.[2] 기존에는 학교 규칙을 통해 보장하고자 하는 교사의 교육권이나 학생 학습권보다 개별 학생의 행동 및 통신의 자유가 침해되는 피해가 더 크다고 보고 있다. 수업시간을 비롯한 교육활동 중에만 사용을 제한하는 등 학생의 기본권 침해를 최소화할 수 있는 방식을 고려할 수 있음에도 일괄 수거해서 일과 중 소지 사용을 전면적으로 제한하는 것은 헌법 제10조에서 유래하는 일반적 행동의 자유 및 제18조에서 도출되는 통신의 자유에 대한 과도한 제한이라고 보았다. 그러나 학생들이 범죄에 무방비로 노출됨에 따라 발생되는 문제에 대한 우려가 증가하는 상황이고, 국제적으로도 학생의 교내 휴대전화 사용에 대한 우려가 지적되고 있는 상황에서 내려진 결정이어서 향후 교육기관에서 학생 휴대전화 수거와 관련한 의사결정에 중요한 영향을 미칠 것으로 보인다.

현대사회에서 휴대전화는 단순한 통신기를 넘어 개인들 간 상호작용을 활성화해서 사회적 관계를 생성·유지·발전시키는 도구이자 각종 정보를 취득할 수 있는 생활필수품으로서의 의미를 지닌다. 전문가에 따르면 우울감이 높을수록, 자아 존중감이 낮을수록, 교사와 관계가 부정적일수록 휴대전화 의존도가 높다고 한다. 이를 통해 볼 때, 성장 과정에 있는 학생들의 전인교육 차원에서 휴대 전화를 필요와 상황에 맞게 적절히 사용하고 통제할 수 있는 능력을 길러주도록 하는 방향으로 진행되어야 할 것이다.

학교는 교육과정을 매개로 학생들과 교사가 교실에서 상호작용을 통해 깊이 있는 배움을 실현하는 공간이다. 학교 차원에서 교육공동체 구성원들의 의견 수렴에 기초해서 학생들의 휴대전화 이용 시간과 장소를 적절히 통제해야 하며, 교사들은 학급 차원에서 학교의 규율과 규제를 준수하도록 지도해야 할 것이다. 또한 학생들은 디지털 기술이 일상화된 지능정보사회에서 기술에 따라가는 것이 아니라 성찰과 주도성에 기초해서 자기주도적 학습 역량을 키우는 것도 중요한 교육과정임을 인식할 필요가 있다. 학생들이 자율적으로 건전한 웹사이트와 주제에 알맞은 앱을 선택할 수 있도록 체계적인 교사의 지도가 필요하며, 동시에 다양한 야외 체험활동이나 독서활동 등을 통해 디지털 디톡스도 필요할 것으로 보인다.

두발과 복장 자유의
경계선

옷차림은 개인의 정체성과 개성을 표현하고, 행복추구권이나 사생활의 자유, 표현의 자유와 같은 중요한 기본권을 행사하는 것과 연관되어 있다. 청소년들은 머리 스타일이나 옷차림 등 외형을 통해 자신의 개성을 표현한다. 그러나 많은 학교에서 두발이나 복장 등에 있어서 심각한 학생 인권침해가 발생하고 있다는 의견이 많다. 한 학생인권단체에 접수된 인권침해 내용을 보면 염색과 파마 금지, 똥머리와 투블럭 등 특정 머리 모양 금지, 남학생의 앞머리 눈썹 선까지로 제한, 교복 재킷까지 다 착용해야만 방한용 외투 허용, 염주와 묵주 같은 종교적 장신구 착용 금지 등 두발 및 복장과 관련해 학생 인권침해 논란이 증가하고 있다.

2020년 서울 학생 인권 실태조사에 따르면 머리카락 길이나 모양을 자유롭게 할 수 있는지 묻는 항목에서 중학생의 57.3%와 고등학생의 52%가 부정적으로 답한 것으로 드러났다. 학생다운 머리와 학생다운 복장에 대한 고정관념이 상존하고 있음을 알 수 있다. 완전한 교복자율화는 아니더라도 두발 및 복장과 관련해 개별 학생들에게 더 많은 자유를 허용해야 할까?

두발·복장에 대한 규제가 필요하다는 입장에서는 두발과 복장을 자유롭게 하면 유해한 환경에 접해 비행학생이 될 가능성이 높다고 주장한다. 또한 행동이 흐트러지고 자연스럽게 학업 긴장감이 떨어져 면학 분위기가 나빠지고 성적이 낮아져 비교육적이라고 보고 있다. 한 고등학교에서는 실제로 학생이 체육복을 입고 등하교했다거나 염색이나 파마, 심지어는 정해진 색상의 속옷을 착용하지 않았다거나 머리카락 길이를 이유로 벌점을 부과하기도 했다.

두발·복장에 대한 규제를 반대하는 입장에서는 두발이나 복장을 과도하게 제한하는 것은 헌법이 보장하는 행복추구권과 자기결정권, 신체의 자유 등을 침해하고 있다고 본다. 추운 겨울철에도 학생다움을 이유로 따뜻한 외투를 입지 못하게 한다든지, 개인마다 체형들이 다양한 상황에서도 특정 복장만을 교복으로 허용하는 것은 학생의 건강권을 해칠 위험성이 있다는 것이다. 학생이 일정 요건 속에서 두발과 복장의 자유를 통해 자신의 개성을 실현하고 자기를 표현하는 것은 학생 자신의 행복과 직결되기도 함을 강조한다. 또한 연구에 따르면 두발 규제와 학생 비행행위 또는 성적 저하는 인과관계를 인정하기는 어렵다고 한다.

국가인권위원회는 염색과 파마, 비대칭, 무스 등 인위적인 변형을 하지 않도록 하고 남학생 두발의 길에 제한을 둔 학교 규정이 헌법 제10조에서 보장하는 학생이 개성을 자유롭게 발현할 권리와 자기결정권을 과도하게 침해하고 있으며, 헌법과 유엔의 아동의 권리에 관한 협약이 추구하는 가치에 부합하지 않다고 판단하고 두발 규정 개정을 권고했다. 지난 2020년 국회에서 발의된 초중등교육법 개정안에서는 학교에서 할 수 없는 학생 인권침해행위 중 하나로 두발·복장 검사 등을 통한 신체의 자유를 침해하는 행위를 넣기도 했다. 학교가 학생 인권에 관해 지켜야 할 선을 정하고 그것을 넘었을 경우에는 그것을 제재하는 법적 조치가 필요하다는 논리다.

그러나 학칙 제·개정 권한이 학교장에게 있고, 국가인권위원회 권고는 법적 강제력이 없는 상황에서 학교 구성원의 인권 감수성과 학생 인권 존중 의지 여하에 따라 그 향방이 결정되고 있는 것이 현실이다. 여전히 학교 현장에서는 학생 두발과 복장 등과 관련해 학교와 교사, 학생 간에 다양한 갈등이 존재한다. 따라서 두발과 복장 관련 일정한 제한을 가하는 교육적 지도가 학생들의 전인적 성장을 위한 교육의 목적에 얼마나 부합하는지, 다양한 대안 중 피해를 최소한으로 가져오는 조치이며 학생들이 감내할 만한 수준의 것인지를 중심으로 인권 감수성을 지니고 공동체 구성원들이 숙의에 기초해 소통하고 합의점을 찾아가고자 하는 노력이 필요할 것이다.

학생회 선거 공약도 사전 검토를
받아야 할까

  학교는 작은 사회로서 사회에서 성인 시민으로 할 수 있는 다양한 활동을 경험할 수 있다. 학생의 대표를 뽑는 학생회 선거와 자치활동을 통해 민주주의와 자치를 경험할 수 있고, 다양한 의견을 학생 게시판에 게시함으로써 자신의 의견을 표현하고 공동체 구성원과 공유하기도 한다. 자율적인 조직이나 봉사단체 등을 조직함으로써 개인이 할 수 있는 영역을 넘어선 공동체 활동을 통해 시민적 역량을 키워나가기도 한다. 이런 측면에서 학교에서의 다양한 자치활동이나 자율적 단체활동, 자기표현 행위 등은 삶 속에서 민주주의를 경험하는 좋은 학습의 소재가 되고, 이런 과정을 통해 자연스럽게 민주시민 교육이 이루어질 수 있다는 점에서 살아 있는 교육과정이라 할 수 있다.

  우리나라는 2020년 공직선거법 개정으로 선거권 연령이 18세로 낮아졌다. 2022년에는 피선거권 연령도 18세로 낮아지고, 정당 가입 연령도 만16세로 하향화되었다. 생일이 지난 고등학교 3학년 학생들은 선거권과 피선거권을 지니고 있으며, 대다수 고등학교 학생들이 16세 이상임을 볼 때 학교 안에서 참정권 교육이나 시민성 교육은 매우 중요한 교육적 과제가 되고 있다.

그러나 학생회 선거 공약과 관련해 사전검열 등이 이루어지면서 학생들의 표현의 자유가 침해되었다는 주장이 있다. 학생회 선거 후보자의 공약과 연설문을 미리 받아 학교 운영 방향과의 배치나 생활지도상 어려움 등을 이유로 공약을 사전에 수정하도록 권고할 수 있는가가 쟁점이 되기도 한다. 한 학교에서는 학교의 사전 허가를 받지 않고 학교 규칙 개정에 관한 학생 의견을 담은 게시물 게시에 대해 내부회의를 통해 게시물 불허 결정을 내리고 학생이 직접 제거하도록 통보했다. 내부회의 결과 교육과 연구, 학생 교육활동 등 학교교육 목적에 부합하는 내용의 게시물에 한해 학교 허락을 받아 게시하도록 정했던 것이다. 당시 해당 학생은 표현의 자유 침해를 이유로 국가인권위원회에 제소했고, 국가인권위원회는 헌법 및 유엔아동권리협약에 따른 학생의 표현의 자유가 보장될 수 있도록 학교생활규정에서 교내 게시물의 게시에 관해 정할 것을 권고했다.

그러나 여전히 학교 안에서 학생들 자신의 의견을 자유롭게 게시하고 표현하는 것에 대해서는 다양한 견해가 존재해서 향후에도 유사한 논란이 발생할 여지가 있어 보인다. 학교에서 학생들은 사전 허가나 검토를 받지 않고 자유롭게 자신의 의견을 게시하고 표현하는 것이 보장되어야 할까?

게시물이나 연설 등에 대해 사전 허가가 필요하다는 입장에서는 정치, 종교, 성 등과 관련해 민감한 내용이 무분별하게 제시되면 학생의 건전한 가치관이나 정체성 형성에 부정적인 영향을 미칠 우려가 있다고 주장한다. 또한 광고나 무분별한 게시 등으로 인해 공공의 질서가 해쳐지고 환경 미화에도 좋지 않다고 보고 있다. 예컨대 두발·복장 규정을 규제하는 학칙 변경을 공약으로 내세우는 것은 후보자의 의지로 학칙 개정이 가능한 것으로 잘못된 판단을 심어줄 우려가 있으며, 선거운동이 혼탁해지도록 할 위험성이 있어서 교사의 교육적 지도하에 수정할 것이 권고될 수 있다는 것이다. 학생생활규정에 "학교장의 허가 없이 학교 내 게시물을 게시하는 것을 금한다."라는 조항이 교육공동체 합의로 만들어졌고, 미리 공고가 되었다면 문제가 되지 않는다고 주장하기도 한다.

한편 사전 허가에 반대하는 입장에서는 교육적 명분하에 이루어지는 교사 개입은 사전검열로서 학생들의 표현의 자유를 저해하고 인권을 침해한다고 보고 있다. 중·고등학교 학생은 후보자의 공약과 연설문에 대한 옳고 그름, 타당성과 부당성을 판단하고 자정할 수 있는 수준에 있다고 할 수 있는데, 사전 허가나 검열은 학생에 대한 불신과 관여를 통한 교육 통제에 가깝다고 보고 있다. 특히 학생회 선거는 교과 활동을 통해 배우기 어려운 살아 있는 교육을 체험하는 과정이며, 학생들의 공약 제시 등은 정치사회화 과정으로서 참여를 통한 시민의 역량을 함양하는 기회가 될 수 있다는 것이다. 학생생활규정 등 학교 규칙도 헌법과 법률, 국제인권규약 등의 범위 안에서 규정되고 준수되어야 한다고 보고, 사전 검열과 허가 없는 학생의 표현의 자유를 학생 인권의 본질적 내용으로 보고 있다.

헌법 제21조 제1항에서는 개인의 표현의 자유로서 언론 출판의 자유를 보장하고 있고, 집단적인 표현의 자유로서 집회 결사의 자유를, 같은 조 제2항에서는 언론 출판에 대한 허가나 검열, 집회 결사에 대한 허가는 인정되지 않는다고 명시함으로써 표현의 자유에 대한 사전제한 금지의 원칙을 규정하고 있다. 기본권을 제한하기 위해서는 헌법 제37조 제2항에 따라 국가안전보장, 질서유지 또는 공공복리를 위해 필요한 경우에 한해 법률로써 제한할 수 있으며, 그런 경우에도 자유와 권리의 본질적 내용을 침해할 수 없도록 하고 있다. 유엔아동권리협약 제13조 제1항 및 제15조 제1항에서도 아동의 표현의 자유와 결사의 자유에 대한 권리가 있으며 이와 같은 권리를 제한할 때는 엄격한 요건이 필요하다.

국가인권위원회는 기본적으로 교사가 학생회 선거 과정에서 후보의 공약과 연설문을 미리 검토하는 것은 학생의 정치적 표현의 자유 등 기본권을 침해하는 것으로 보고 있다. 학생 게시물 등과 관련해 문제가 있으면 사후 통제로도 충분히 가능하다는 것이다. 학생의 표현의 자유가 사전검열, 징계 위협 등으로 위축되어 왔으나 무엇보다 학생의 표현의 자유를 제한할 때는 법률적 근거에 따라 필요한 경우만 제한한다는 비례 원칙이 준수될 필요가 있다고 했다.

학생도 자신의 문제, 나아가 사회 문제에 대해 적극적으로 참여해 논의할 수 있는 주체라는 점에서 교육의 목적상 학생의 표현의 자유를 보호하는 것은 학교에서 중요하게 다루어질 필요가 있다. 교과 수업에서도 삶과 관련된 주제에 대해 자유롭게 다양한 입장들을 듣고 토론하는 토의ㆍ토론 중심 수업이 좀더 확대되면 학생들이 논쟁적인 주제를 접근하는 방법에 대한 역량도 더욱 함양할 수 있을 것이다. 어엿한 시민으로서 학생들이 교과 수업과 비교과 수업 모두에서 자신이나 공동체에 영향을 주는 문제들에 대해 숙의하고 합리적으로 소통하고 참여할 수 있도록 적극적으로 지원해야 할 것이다.

학생 인권과
교사 인권

  인권은 학생 인권이 강화된다고 해서 교사 인권이 왜소화되는 제로섬 게임이 아니다. 학생 인권 개념과 담론은 학생은 보호와 통제의 대상이라는 객체론적 관점에서 벗어나 학생이 기본권의 주체로서 바르게 자리매김하도록 하고, 권리 주체로서 해야 할 역할에 대해서도 집중하도록 한다. 학교에 다니는 학생이기 때문에 학생으로서 본분을 지키고 공동체 생활을 위한 규칙과 질서로 인해 권리가 제한될 수밖에 없는 존재가 아니다. 배우며 성장하는 학생이기 때문에 인권이 더욱 보장되고, 그런 인권 친화적인 문화와 잠재적 교육 과정 속에서 자연스럽게 인권 감수성과 인권 보장 성향을 지니게 될 것이다.

  인권은 인간 공동체를 전제로 하는 개념이라고 할 수 있다. 내가 타인으로부터 부당한 대우나 차별을 받지 않을 권리가 있지만, 그와 동시에 나도 타인에게 부당한 대우나 차별을 하지 않아야 할 의무가 있다. 유엔아동권리협약 제29조에서는 교육의 목적에 대해 이야기하고 있다. 교육을 통해 자유로운 사회에서 다른 사람들의 권리를 이해하고 깨끗한 환경을 생각하며 책임질 줄 알고, 평화롭게 살아가는 법을 배워야 하는 것으로 보고 있다. 즉 학생들은 학교에서 교육을 통해 내가 가지고 있는 기본적인 권리와 인권을 타인도 동일하게 지니고 있으며, 평화로운 공동체를 만들기 위해 책임 있는 행동을 하는 것이 교육받은 시민의 모습이라는 것이다. 학생과 교사를 포함한 학교 공동체 구성원 모두의 소중한 인권은 존중받아야 할 것이다.

2010년 경기도를 시작으로 현재는 다양한 모습으로 전개되는 학생인권조례는 학교에서 빈번하게 발생했던 학생 인권침해 문제를 해결하기 위한 차원에서 등장했다. 1990년대 후반부터 엄격한 두발·복장 규제와 체벌, 자율학습과 보충학습 강요, 소지품 검사, 성적에 기초한 차별 등 학교에서 일상적으로 발생했던 반인권적 행태에 대해 경종을 울리고, 학생 인권의 기준과 내용을 제시하고 불합리한 학교 규칙과 문화를 개선하고자 등장했다. 학생이 소중한 존재로 대우받고 인권이 보장되는 학교에서는 자신의 권리만을 주장하는 반쪽짜리 인권의식에만 머무르는 것이 아니라 타인에 대한 배려와 인권 감수성에 기초해 자신의 의무도 실천하는 모습을 보일 것이다.

초중등교육법 제18조4 1항에서는 "학교의 설립자·경영자와 학교의 장은 헌법과 국제인권조약에 명시된 학생의 인권을 보장하여야 한다."라고 하고 있다. 동시에 2항에서는 "학생은 교직원 또는 다른 학생의 인권을 침해하는 행위를 하여서는 아니 된다."
라고 명시하고 있다. 동법 제18조의 5는 보호자의 의무 등을 명시
하고 있는데, "보호자는 교직원 또는 다른 학생의 인권을 침해하
는 행위를 하여서는 아니 되며, 보호자는 교원의 학생생활지도를
존중하고 지원하여야 한다."라고 강조하고 있다. 즉 학교 공동체
에서 구성원들은 학생의 성장을 위한 교육활동이 이루어지는 과
정에서 서로 존중하고 교사의 교육적 지도를 존중하는 것이 중요
하다.

　학생 인권을 존중한다는 것은 학생의 자율성을 존중하고 그가
한 선택을 존중한다는 것이다. 올바름에 대한 정답을 정해두고 강
요하는 목적론적 도덕성에 기반해서, 체벌을 가해서라도 제대로
된 사람을 만들겠다는 일방적인 사고방식에서 벗어날 필요가 있
다. 학생을 인격적으로 대우하고 교육적으로 배려한 상태에서, 설
령 학생이 잘못된 선택을 했더라도 온당한 훈육 혹은 맞춤형의 대
화와 상담을 통해 지속적인 교육의 객체이자 주체로서 대우하고
돌봐야 할 것이다. 학생들은 교실 공동체에서 다른 학생들을 나와
동등한 인격체로 대우하고 교사의 교육적 지도를 잘 따름으로써
책임 있는 학습의 주체로서의 역할이 중요할 것이다. 교원과 학
생, 그리고 학부모 등 학교 구성원 모두가 함께 교육의 본질을 중
심에 두고, 머리를 맞대고 상호 존중하는 인권 친화적인 교육 환
경을 함께 만들어 가야 할 것이다.

헌법 제31조 제1항에는 모든 국민의 '교육받을 권리'가 규정되어 있다. 교육기본법 제12조 제2항에서는 "학교교육, 교육방법, 교재 및 교육시설은 학습자의 인격을 존중하고 개성을 중시해서 학습자의 능력이 최대한 발휘될 수 있도록 강구되어야 한다."라고 규정하고 있다. 그러면 학교 교육력 저하로 학생의 기초학력이 일정 수준에 미치지 못했을 경우 학생들의 교육을 받을 권리가 제대로 보장받지 못했다고 할 수 있을까? 이에 대한 책임을 학교가 짊어져야 할까?

1970년대 중반 미국 샌프란시스코의 고등학교 졸업생인 18세 피터는 학생 성취에 대한 교육적 무관심이나 배임행위 등으로 학생에게 손해를 끼쳤다며 샌프란시스코 교육구를 상대로 손해배상 소송을 제기했다. 그는 12년간 해당 교육구가 운영하는 학교를 다녔지만, 교육구는 직무 태만 또는 부주의로 원고에게 읽기와 쓰기 등 기초능력 부문에서 적합한 수업, 지도, 상담, 감독을 제공하지 않았고, 수준에 맞지 않는 학급에 배정했으며, 다음 단계 과정을 이수할 수 없음을 알면서도 진급 및 졸업하도록 해서 좋은 직장에 들어갈 자질을 갖추지 못했다는 것이다. 원고는 교육구가 기초능력 부족에 따른 손해와 능력 향상에 필요한 개인 교습비를 배상해야 한다고 요구했다.

이 사례에 대해 어떻게 생각하는가? 이 판례는 학교의 교육적 책무에 대한 실질적인 관심을 끈 판결로, 법원은 학교의 손해배상 책임을 인정하지는 않았다. 교원의 교육 책무 표준을 정하기 어렵고, 학생의 학업 성취는 복합적인 요인이 있어서 학교 책임을 분리할 수 없으며, 손해배상 인정 시 학교가 감당하기 어렵다는 현실적인 문제도 고려했다고 한다. 어느 한 집단의 책임으로 말하기는 어렵지만, 현실적으로 열악한 환경에 놓인 학생이라면 학교나 지자체와 같은 공공기관의 역할이 더욱 커야 할 것이다.

우리나라는 2021년 9월 24일에 기초학력보장법이 제정되어 시행 중이다. 기초학력보장법은 학습 지원 대상 학생에게 필요한 지원을 해서 모든 학생의 기초학력을 보장해서 능력에 따라 교육을 받을 수 있도록 그 기반을 조성하는 것을 목적으로 한다. 2025년 고등학교에서 전면 도입 예정인 고교학점제도 학생의 기본적인 성취를 교육의 중요한 목표로 삼고 있고, 이를 위한 학교 교육의 책임을 강조하고 있다는 점에서 학생의 실질적인 학습권을 보장하고자 한다고 할 수 있다. 그러면 고교학점제에서 강조하는 최소 성취수준 도달 지원도 학생 인권을 보장하는 것이라고 할 수 있을까?

이수경 _ 현재 서울에 있는 구현고등학교에서 사회 교사로 아이들과 함께 세상을 배우며, 인권교육·법교육·시민교육·교육법 분야에 관심을 갖고 연구 중이다. 한국교원대학교 대학원에서 일반사회교육 전공으로 박사학위를 받았으며, 한국법과인권교육학회에서 연구이사(2021~2022)를 역임했다. 공저로 《교육법의 이해와 실제》 《고등학교 정치와 법》 등이 있으며 권리 교육 및 교육학 관련 다수의 논문을 집필했다.

6장

일하는 사람의 권리

노동이라고
말할 때

　인간은 이성을 지닌 존재이므로 '인간'이라는 자체만으로 존중받아야 한다. 이것을 '인권'이라고 한다. 인권 중에서 기본적으로 보장받아야 하는 내용을 헌법이나 법률로 규정해놓았다. 헌법으로 보장하는 인권을 기본권, 법률을 통해 보장하는 인권을 법률상 권리라고 한다. 사전적인 의미에서 '노동'은 물자를 얻기 위해 힘쓰는 것이므로 '누구나' 할 수 있는, '누구나' 하는 일에 해당한다. 인간은 '누구나' 일을 하고 이에 대한 '대가'를 받는다. 동물과 달리 인간만이 자신의 의지에 따라 노동력을 행사하므로 노동에 대한 대가를 지급하는 것은 곧 노동력을 행사한 주체인 인간을 존중한다는 것과 동일한 의미다.

　당구 게임에서 당구공을 치는 행위는 '일'에 해당할까? 1828년에 프랑스 과학자 가스파르 코리올리는 '일'이라는 용어를 최초로 사용해서 운동에너지를 표현했다. 그는 인간이 공을 치는 순간 팔의 힘이 당구 큐대로 전달되고 그 결과 당구공이 당구대에서 움직일 수 있게 되었다고 설명하며, 당구공을 치는 과정이 곧 '일'이라고 했다.

　이처럼 '일한다'는 것은 '사물을 움직이는 작동 원리'부터 '생명체가 생명을 유지하는 상호작용'까지 포함하는 포괄적인 개념이다. 즉 화석연료를 사용해 수증기가 응축했다가 팽창되어 기계를 작동시키는 힘이 생기는 증기기관의 작동도 일이라고 부를 수 있고, 생물이 식량을 섭취한 후 움직일 수 있는 에너지를 통해 세포분열, 성장 등 생명체를 유지하는 원동력도 일이라고 할 수 있다. 다만 일은 곧 운동에너지의 작용을 의미하므로 기계, 행성 등 비생명체가 일을 하면서 에너지를 모두 사용하면 결국 소멸된다. 반면에 생명체는 에너지를 소비하는 동시에 세포분열을 통해 또 다른 에너지를 추가로 생성하면서 생명을 지속적으로 유지한다.

　또한 동물과 인간은 자연환경에 적응하며 생명을 유지하거나 종족을 보존하기 위한 목적으로 본능적으로 일을 한다. 하지만 인간은 본능적인 행동뿐만 아니라 자신의 의지대로 판단하고 선택해 일을 한다는 점에서 큰 차이점이 있다.[1] 즉 인간은 이성적으로 판단해 자신의 적성에 맞는 직업을 선택하고 노동하며 삶을 유지한다. 이것은 자신이 하고 있는 일의 의미와 노동의 결과를 인지하고 있다는 점에서 동물이 생명을 유지하기 위해 일을 하는 본능과는 차원이 다르다. 그리고 우리가 일할 때 신체나 정신을 움직이기 위해 에너지를 소비하므로 '일(하는 것)'을 흔히 '노동'이라고 부른다.

노동하는 사람
근로하는 사람

　2019년 《서울신문》에서 노동에 대한 청소년들의 인식을 조사했다. 이에 따르면 청소년들이 생각하는 노동은 '돈을 벌기 위해 어쩔 수 없이 하는 몸 쓰는 고된 일'이었다. 그리고 한국표준직업분류상 20개 직종 중에서 노동자에 해당하는 직업을 표시해보라는 설문에 대해 청소년들은 건설현장 인부나 마트 계산원, 철도기관사 등 블루칼라 직종을 노동자라고 표시했다. 반면에 기업의 임원이나 프로그래머, 교사 등 화이트칼라 직종은 노동자로 표시하지 않았다.[2]

　국어사전에서 '노동'이라는 단어를 찾아보면 노동은 '사람이 생활에 필요한 물자를 얻기 위해 육체적 노력이나 정신적 노력을 들이는 행위'를 말한다. 우리는 노동의 대가로 돈을 벌 수 있는데, 왜 노동은 우리에게 행복한 움직임이 아니라 어쩔 수 없이 해야 하는 고된 일이 된 것일까? 또한 노동의 사전적 정의에는 육체적 노력과 정신적 노력이 노동에 포함되어 있는데, 우리는 왜 화이트칼라 직종보다는 주로 블루칼라 직종에 근무하는 사람들을 노동자라고 인식할까?

May Day(매년 5월 1일)는 근로자의 날이다. '노동절'은 미국의 노동자들이 1886년 5월 1일에 8시간으로 근로시간을 단축하고 열악한 근무환경을 개선을 요구하며 투쟁했던 정신을 기념하기 위해 1889년에 세계 노동운동 지도자들이 모여 지정한 날이다. 우리나라에서 매년 기념하는 5월 1일이 처음부터 '근로자의 날'이었던 것은 아니다. 1923년에 우리나라에서 처음으로 실시한 May Day 기념행사에서는 '노동절'이라는 용어를 사용했다. 이에 정부는 1958년 3월 10일을 '노동절'로 지정했다. 이후 1963년 노동법이 개정되는 과정에서 노동절 대신 '근로자의 날'이라는 명칭을 사용하다가 1994년부터 5월 1일을 근로자의 날로 기념했다.[3] '노동'이 '힘쓰며 움직인다'라는 중립적인 의미라면, '근로'는 '부지런히 힘쓰다'라는 가치 지향적인 의미다.[4]

산업화 이후 자본주의 사회에서 생활에 필요한 물자를 얻기 위해서는 '돈'이 필요하다. 우리는 시장에서 돈을 주고 상품을 사고 판다. 돈을 받고 물건을 파는 사람을 판매자, 돈을 주고 물건을 사는 사람을 소비자라고 한다. 인기 있는 상품의 경우 해당 물건을 사고 싶은 소비자가 물건의 수보다 많기 때문에 상품의 가격이 올라간다. 반대로 마감 세일처럼 물건을 사려는 소비자보다 물건을 팔아야 하는 판매자가 많을 경우 자연스럽게 상품의 가격이 내려간다.

우리가 시장에서 돈을 매개로 상품을 거래하는 것처럼 우리의 노동력은 노동시장에서 거래된다. 노동시장에서 노동자는 자신의 노동력을 팔고 그 대가로 임금(돈)을 받고, 사용자는 임금(돈)을 주고 노동력을 산다. 그런데 노동시장에서 노동력을 판매하고자 하는 노동자가 노동력을 구입하고자 하는 사용자보다 상대적으로 더 많기 때문에 시장의 원리에 따라 자연스럽게 노동력의 대가인 임금(돈)이 낮아질 가능성이 높다.

상품시장에서 노동자와 사용자는 상품 생산에 기여한다는 측면에서 공통점이 있다. 노동에 대한 대가는 생산물과 관련한 이윤일 수도 있고, 월급과 같은 임금일 수도 있다. 사용자에게는 이윤이, 노동자에게는 임금이 그 대가에 해당한다. 노동자의 노동력을 사용한 비용은 사용자가 지급한다. 사용자와 노동자는 자유롭고 평등하게 존중받아야 하는 인간이지만, 노동자는 사용자가 지급하는 임금에 의존해서 생활하기 때문에 현실적으로 사용자에 비해 약자의 위치에 있을 수 있다.

노동자는 노동력을 제공해 상품 생산에 기여한 대가로 임금을 받는 대신 생산한 상품과 상품을 판매해서 발생하는 이윤은 사용자의 몫이다. 그래서 사용자는 이윤을 최대한 추구하기 위해 원가를 낮춰 생산비를 최소화하고자 할 것이다. 원가를 구성하는 재료비, 가공비, 임금, 운송비 등의 생산비를 줄이기 위한 방법 중 하나는 동일한 임금으로 최대한의 노동력을 활용하는 것이다. 왜냐하면 임금도 생산비의 일부이므로 적은 비용으로 고효율을 추구할 수밖에 없다. 하지만 노동시장에서 노동자는 사용자가 지급하는 임금으로 생계를 유지한다. 즉 사용자가 임금을 제때 지급하지 않거나 임금을 적게 지급할 경우 노동자는 일상생활을 할 수 없다. 그래서 노동자는 생산 과정에서 자신이 노동력을 투입한 노력에 비례해 임금을 받기를 원한다. 투입한 노동력보다 더 많은 임금을 받을수록 유리하다.

사용자에게는 임금이 생산비의 일부이지만 노동자에게는 생계 유지에 필수적인 요소이므로 임금을 기준으로 볼 때 사용자와 노동자의 입장이 서로 충돌할 수밖에 없다.

법으로 보장하는
노동자의 권리

    인간은 다양한 직업을 통해 노동력을 행사한다. 중세에 대다수 사람들은 농노였으며, 토지를 기반으로 주거지와 일터가 동일했다. 하지만 산업혁명으로 대부분이 노동자가 된 근대 이후부터는 토지보다 자본이 미치는 영향력이 더 커졌다. 현대사회로 오면서 업무의 세분화, 분업화가 진행되어 점차 다양한 직업군이 존재하게 되었으며, 다양한 직업을 구하기 위해 인간은 토지에서 벗어나 다양한 공간을 자유롭게 이동할 수 있도록 지속적으로 요구했다. 그 결과 근대 헌법에서는 재산권 이외에도 다른 유형의 자유권을 보장하게 되었으며, 대한민국 헌법에서도 거주·이전의 자유(제14조), 직업의 자유(제15조), 재산권(제23조)을 보장하고 있다.

    노동자가 자신이 노동력을 활용해 상품을 생산했지만 이때 만든 상품은 자신의 소유가 아니다. 그리고 노동자는 자신의 노동력을 사고파는 과정에서 인간 자체만으로 존중받는 느낌이 아닌, 상품이 된 것 같은 소외감을 느낄 수 있다. 즉 노동자에게 사용자가 지급하는 임금이 생계를 유지하는 유일한 수단이므로 노동시장에서 노동자는 사용자에게 종속되어 있으며, 노동력을 제공하고 임금을 받는 과정에서 자신이 물건이 된 것 같은 소외감을 경험할 수 있다. 이런 이유로 우리 헌법에서는 노동자의 생계유지를 위해 필요한 비용인 최저임금제를 포함해 노동자의 기본 권리를 별도로 규정해 보장하고 있다.

헌법 제32조

① 모든 국민은 근로의 권리를 가진다. 국가는 사회적 · 경제적 방법으로 근로자의 고용의 증진과 적정임금의 보장에 노력해야 하며, 법률이 정하는 바에 의하여 최저임금제를 시행해야 한다.
③ 근로조건의 기준은 인간의 존엄성을 보장하도록 법률로 정한다.

헌법 제33조

① 근로자는 근로조건의 향상을 위하여 자주적인 단결권 · 단체교섭권 및 단체행동권을 가진다.
② 공무원인 근로자는 법률이 정하는 자에 한하여 단결권 · 단체교섭권 및 단체행동권을 가진다.

우리 헌법에서는 노동자 개인의 인간다운 생활을 보장하기 위해 근로의 권리(제32조)를 규정하고, 노동자가 단체를 결성해서 사용자와 대등한 지위에서 근로조건을 협상할 수 있도록 노동3권 (제33조 ①, ②)을 보장하고 있다. 특히 근로의 권리는 노동자와 사용자의 개별적인 노동관계에 대한 내용으로 적정 임금의 보장, 근로시간, 근로 환경 등 고용·근로 조건을 규정하고 있다. '노동 3권'은 집단적 노동관계에 대한 내용으로 노동자의 근로조건을 개선하기 위해 필요한 노동조합을 결성(단결권)하고, 근로조건을 협상(단체교섭권)하며, 법률의 범위 내에서 쟁의 행위를 보장(단체행동권)한다.

"근로기준법을 준수하라. 우리는 기계가 아니다."

청계천 평화시장 봉제공장에서 16살부터 노동자로 일했던 전태일이 1970년 11월 13일에 분신하면서 노동자들의 기본적인 근로조건 준수를 주장하며 외친 말이다. 다락방 크기의 비좁은 작업장에서 평균 나이 15세의 어린이들이 하루에 14~16시간씩 일하며 받은 대가는 하루에 90~100원 정도였다. 당시에 커피 한 잔 값이 50원인 것을 생각하면 턱없이 부족한 금액이다. 게다가 환기가 되지 않는 곳에서 장시간 일하다 보니 폐질환이나 신경통, 위장병은 기본이고, 폐병 3기 판정을 받은 여자 직원은 회사로부터 치료비를 받기는커녕 오히려 해고를 당했다. 근로기준법이 있었지만 현실은 근로기준법의 내용이 실현되지 않았다.

전태일은 근로기준법의 내용을 동료들에게 알리고자 재단사들의 모임인 '바보회'라는 노동조합을 결성해 노동법을 공부하면서 대통령, 시청 등 국가기관에 경제적 어려움과 노동의 고통을 호소하는 다양한 형태의 편지와 진정서를 제출했고, 작업장에서 일하는 노동환경의 실태조사서를 작성해 언론에 고발했지만 노동환경이 개선되지는 않았다. 그래서 평화시장의 노동자였던 전태일이 근로기준 법전을 가슴에 품고 노동관계 개선을 외친 것이다.[5]

이후 산업구조가 변화함에 따라 고용 형태도 다양해진 상황을 반영해 1997년에 '근로기준법'이 제정되어 노동자의 임금, 근로시간 등 기본적인 근로조건 등을 보장했다. 동시에 '노동조합 및 노동관계조정법'이 제정되어 헌법 제33조에 보장되어 있는 노동 3권을 보장하고, 공정한 노동관계에서 노동자의 경제적·사회적 지위를 높여 근로조건을 유지하고 개선할 수 있도록 했다. 2001년에는 '근로복지기본법'을 제정해서 노동자의 기본적인 근로조건을 제외한 분야의 복지가 향상될 수 있도록 지원하고 저소득 근로자와 장기 영속 근로자의 복지 증진을 촉진했다.

근로조건과 노동관계에서의 노동3권을 헌법과 법률로 보장하는 것은 관련 법률에 직접적으로 적용되는 노동자 당사자에게만 영향을 주는 것은 아니다. 자본주의의 영향을 받는 노동시장에서 상대적으로 약자일 수밖에 없는 노동자들에게 최소한의 인간다운 생활을 유지하고 노동력을 행사하는 동안 인간으로서 존중받을 수 있도록 법률을 통해 자유와 권리를 보장해주는 것이다. 이것은 사용자와 노동자 모두 우리 사회를 유지하는 구성원으로서 지녀야 할 책임이기도 하다.

성냥팔이 소녀가 우리에게
말하는 것

　동화 〈성냥팔이 소녀〉가 19세기 유럽에서 아동 노동의 심각한 현실을 드러낸 이야기라는 사실을 알고 있는가? 19세기 유럽에서는 가구당 인원수가 7~9명이었다. 부부가 받은 월급만으로는 가족 전체가 생활하기 힘들었기 때문에 어린 자녀들도 학교 대신 공장에서 일하는 경우가 많았다. 아동들은 대부분 탄광, 방직공장, 농장 등에서 별도의 보호 장비 없이 하루에 12시간 이상씩 장시간 근무하면서 성인 임금의 10% 수준인 1일 1달러도 안 되는 저임금을 받았다.

　덴마크의 동화작가인 안데르센도 초등학생 때 성냥공장에서 근무한 적이 있었는데, 당시 아동들은 성냥공장에서 나무 막대에 '백린'이라는 물질을 바르는 업무를 담당했다고 한다. 백린은 맹독성 물질로 장기간 노출될 경우 턱뼈의 인산칼슘이 백린과 반응한다. 백린에 중독될 경우 아래턱뼈가 괴사하는 인악이라는 병에 걸려 얼굴형이 변형되거나 신경계 손상, 호흡곤란 등 백린 중독 증상으로 사망할 수 있다.[6] 인 중독으로 병에 걸린 어린 노동자들은 퇴직금 대신 성냥을 받고 퇴사한다.

〈성냥팔이 소녀〉에서 소녀가 성냥을 팔게 된 것으로 보아 소녀는 성냥공장에서 근무했던 아동 노동자였음을 유추할 수 있다. 또한 소녀가 성냥에 불을 붙일 때마다 보였던 따뜻한 음식, 화려한 크리스마스트리, 사랑하는 할머니의 모습 등은 소녀가 죽기 전에 인 중독 증상으로 인한 환영을 본 것을 작가가 간접적으로 표현한 것으로 해석할 수 있다.[7]

산업화의 부작용으로 발생한 아동 노동문제의 심각성에 대해 많은 사람이 공감하고 있었지만 별도의 해결 방안은 없었다. 노동계약은 개인(사용자)과 개인(노동자) 간에 체결한 약속이므로 사적

미국 사우스캐롤라이나주의 면방직공장에서 근무하는 소녀 사드 페이퍼(루이스 하인, 1908년).

자치의 원칙에 따라 국가가 우선적으로 개입할 수는 없었기 때문이다. 하지만 루이스 하인이 당시의 노동 현장을 찍은 사진 한 장이 아동 노동문제의 심각성에 경적을 울렸다.

초등학교 교사로 재직 중이었던 루이스 하인은 수업 자료로 촬영하던 중 아동 노동 현장의 심각성을 깨닫는다. 이후 전업 사진작가로 활동하면서 10년 동안 아동 노동자의 눈높이에서 바라보는 기계의 모습, 일하는 아동의 모습 등을 촬영하면서 아동들의 발육 상태를 측정하고 아동들과 인터뷰한 내용을 기록하면서 노동 착취의 증거 자료를 수집했다. 1916년 미국 의회에서 루이스 하인이 찍은 아동 노동 현장 사진을 공개한 후 아동 노동 반대 여론이 형성되었고, 그 결과 1916년에 미국에서 최초로 '아동보호법' 제정되었다.[8] 우리 헌법에서는 산업화 과정에서 노동력을 혹사당해왔던 여성과 연소자에 대한 별도의 규정을 두어 노동자의 권리를 특별히 보장하고 있다.

헌법 제32조
⑤ 연소자의 근로는 특별한 보호를 받는다.

노동과 삶의 균형
워라밸

오전 7시, 두 자녀의 엄마이자 회사원인 김가인(가명, 47세) 씨는 식구들 중 가장 먼저 일어나 아침밥을 차린다. 7시 30분쯤 잠에서 깬 아이들은 익숙하게 밥을 먹는다. 8시에 가까워질수록 마음이 급해진다. 먼저 학교에 가는 초등학교 3학년인 첫째를 준비시키기에 바쁘다. 머리를 빗고 옷을 고르는 일까지 모두 엄마의 몫이다. "10분 남았다.", "5분 남았다." 마치 경매장처럼 계속 시간 알림을 해줘야 아이들은 빨리 움직인다. 첫째가 등교한 8시 30분. 이제 둘째가 유치원에 갈 시간이다. 가인 씨는 "오늘 머리는 하나로 묶을까, 둘로 묶을까?", "어제는 누구랑 놀았어? 요즘은 누구랑 제일 친해?"라는 말을 하며 계속해서 둘째를 따라다니며 등원 준비를 했다. 아이들의 유치원 생활을 묻고 교감하는 것도 엄마의 몫이다. 9시에 맞춰 오는 유치원 차에 둘째를 태워 보낸 가인 씨는 이제 노동자의 시간을 시작한다. 출근 시간이 10시인 가인 씨에게는 겨우 옷 입을 시간만 남앗지만, 그나마 육아시간을 사용할 수 있다는 것에 감사할 따름이다. 오후 7시 반쯤 퇴근한 가인 씨에게는 빨래, 청소, 애들 씻기기, 숙제 검사가 남아 있다. 가인 씨는 "주변에는 모두 나 같은 엄마들뿐"이라며, "남편도 육아에 참여하지만 아직 육아와 가사노동은 여전히 여성의 몫"이라고 말한다.[9]

하루 일과 중 가인 씨 자신을 위한 시간은 거의 없다. 육아 퇴근 후에는 직장 출근, 직장 퇴근 후에는 다시 육아 출근이 반복된다. 서울연구원 누리집에 올라온 '서울 워킹맘·워킹대디의 현주소'에 따르면 2022년 기준 서울 거주 0~9세 자녀 양육자 1,500명 대상으로 조사한 결과 워킹맘·워킹대디의 하루 휴식시간은 0.8시간으로 1시간도 되지 않았다. 2022년 0~9세 자녀를 둔 서울 맞벌이부부 555명 중 23.6%는 우울을 경험한 적이 있다고 답했다. 불면증을 경험한 비율은 20.8%, 불안감은 15.8%로 나타났으며, 8.6%는 자살 생각까지 한 적이 있었다고 답했다.[10]

'일과 삶의 조화'는 1972년 국제노동관계 컨퍼런스에서 도입된 노동환경의 질이라는 개념에서 시작되었다.[11] '일과 삶의 균형'이란 일과 일 이외의 영역에 시간, 에너지를 적절히 분배해서 삶을 스스로 조절하며 자신의 삶에 만족하는 상태를 의미한다. 해외에서는 '일과 가정의 양립'을 지원하는 정책으로 '일과 삶의 균형'을 실현하고 있다. 미국은 여성의 노동이 확대된 1970~1980년대부터 '일과 가정의 양립'을 위한 프로그램을 시행했고 1990년부터는 모든 노동자에게 확대 적용했다. 영국은 1970년대 중반부터 실업 및 국가 복지 대책을 위해 '일과 삶의 균형'에 관심을 보이다가 2000년을 전후로 대국민 정책으로 '일과 삶의 균형 캠페인'을 단계적으로 추진해왔다. 일본은 1980년대부터 가족 친화 개념의 확산을 통한 일과 가정의 양립 지원 정책을 수행하고 있다.[12]

최근 5년간 약 600명의 환경미화원이 업무 중 사망했다. 이 가운데 39%는 과로사로 추정되는 뇌·심혈관계 질환으로 목숨을 잃은 것으로 나타났다.[13] 택배 노동자의 사망 건수가 코로나19 팬데믹 기간을 거치며 4배 이상 폭증한 것으로 나타났다. 사망한 택배 노동자 10명 중 7명은 뇌혈관질환·심장질환 등 과로사에 해당했다.[14] 사망한 환경미화원과 택배 노동자가 업무 중 과로하지 않았더라면, 이들에게 '일과 삶의 균형'이 잘 유지되었다면 과로사로 인한 사망 건수를 조금이라도 줄일 수 있었을 것이다.

'일과 삶의 균형'을 유지하려면 어떻게 해야 할까? '일과 삶의 균형'에 대한 정의를 기준으로 먼저 일과 일 이외의 영역을 구분하고, 활동 주체 간 관계성을 중심으로 시간과 에너지를 개인이 통제 가능한 수준에서 적절히 배분해야 한다. 즉 개인의 영역을 일, 가정, 기타로 구분하고, 일 영역에서는 노동 시간과 노동환경을, 가정 영역에서는 육아 시간과 돌봄 관련 정책을, 기타 영역에서는 개인의 여가 시간을 통한 정서적인 긴장을 해소할 수 있는 프로그램 등을 통해 세 영역을 실질적으로 영유할 수 있도록 정책적인 지원이 필요하다.

산업재해는 어디서나
일어난다

사람은 누구나 자연환경에 적응하며 생활한다. 지형, 기후에 따라 말라리아, 뎅기열 등 우리가 흔히 풍토병이라고 부르는 질환이 특정 지역에 거주하는 주민들을 중심으로 지속적으로 발생하기도 한다. 또한 우리 몸에 노화가 진행되면서 연령별로 주의해야 할 질병이 있다. 우리 헌법에는 모든 국민이 인간다운 생활을 할 권리(제35조)와 건강하고 쾌적한 환경에서 생활할 권리(제36조)가 규정되어 있고, 국가는 이런 기본권을 보장해야 할 책임이 있다.

그렇다면 하지정맥류나 접촉성피부염, 만성기관지염 등의 경우는 어떨까? 노화가 진행되면서 자연적으로 발생한 질병이라고 생각했는데 알고 보니 나와 비슷한 직업을 가진 사람들에게 비슷한 질병이 주로 나타난다면 이것을 단순히 개인적인 질병이라고 볼 수 있을까?

사상 사고가 났어요. 당시만 해도 사고나 났을 때 시신 수습하는 일이 기관사 책임이었어요. 너무 겁이 나서 도저히 혼자서 못 하겠더라고요. 사령에 연락하고 역무 쪽에 전화해서 도와달라고 했죠. 30분 정도 지난 후에 누군가 와서 수습을 같이 했는데, 그 시간이 어떻게 지나갔는지 모르겠어요. 그렇게 사고 수습을 하고 나서도 종일 운전했어요. 혼자 엉엉 울면서 운전하는데, 누구에게 말할 수도 없고 말할 사람도 없고……. 그날 기억은 잊을 수가 없어요. 지금도 심장이 벌렁거려요.[15]

이 사례에서 보듯이 사상 사고를 경험한 철도 기관사들이 겪는 후유증은 심각하다. 철도 사상 사고를 예방하기 위해 스크린도어를 설치했으나 사상 사고는 여전히 현재진행형이다. 국토교통부가 제공한 자료에 따르면 연도별 열차 투신 자살사고는 2018년에 17건, 2019년에 22건, 2020년에 10건, 2021년에 13건, 2022년에 10건 등 매년 10건 이상 발생하고 있다. 2018년부터 사상 사고를 겪은 철도 기관사들에게 최대 5일 간 특별휴가를 지급하며 심리 상담을 프로그램도 운영하고 있다. 그러나 사고 직후 특별휴가 기간을 최대 5일간 사용한다고 해서 기관사들이 겪는 트라우마가 치료된다는 보장이 없으므로 사용 시기와 기간에 대한 확대 조치가 필요하다.[16]

김을순(가명) 씨는 초등학교와 중학교 급식 조리실에서 5년간 근무해왔다. 아침 8시 반부터 오후 4시 반까지 8시간 동안 아이들이 먹을 밥과 찬을 준비하고 배식하고 치우는 일을 했다. 정신없이 바쁘고, 몸 여기저기가 아팠지만 참았다. 많이 아픈 날에는 침도 맞고 물리치료도 받으며 버텼다. 그러던 어느 날 갑자기 팔을 들어올리기 어려워졌다. 머리 감기조차 쉽지 않았다. 아파서 잠을 잘 수 없을 정도로 통증이 심해져 병원에서 MRI 촬영 결과 회전근개 파열이라는 진단을 받았고, 수술이 필요하다고 했다. 처음에는 이해해주던 동료들도 점차 불편한 눈길을 주기 시작했다. 다들 힘들게 일하는데 왜 너만 그러느냐는 말도 들었다.[17]

이 사례처럼 최근 5년간 학교급식 현장에서 총 5,443건의 산업재해가 발생했으며 이 중 11명이 사망한 것으로 나타났다. 사망사고 중 10건은 직업성 폐암이었다. 또한 업무상 사고는 넘어짐이 1,329명(31.8%)으로 가장 많았고, 이상온도 접촉 1,291명(30.9%), 부딪힘 306명(7.3%), 끼임 300명(6.5%) 순이었다. 업무상 질병은 근골부담작업 1,098명(86.9%), 직업성 암(폐암) 139명(11.0%), 정신질환 14명(1.3%), 기타 13명(0.8%) 순이었다. 급식실에서 발생하는 산업재해를 해결하기 위해서는 조리사 직업병에 대한 적절한 기준과 적정 인력 기준 등 작업환경 및 처우 개선과 관련한 대책이 마련되어야 한다.[18]

노동권의
사각지대

　사용자는 계약을 통해 노동자를 고용한다. 우리가 흔히 알고 있는 근로계약서는 '근로기준법'의 적용을 받는 계약이다. 플랫폼 노동자와 프리랜서는 '민법'의 적용을 받아 고용 계약서와 위탁 계약서를 작성한다. 배우나 아이돌처럼 대중문화 분야에서 예술 활동에 참여할 경우에는 '대중문화예술산업발전법'의 적용을 받아 표준 계약서를 작성한다. 직업계고 학생들이 현장 실습을 나갈 경우에는 '직업교육훈련촉진법'의 적용을 받는 현장 실습 표준계약서를 작성한다. 의사들은 '전공의의 수련환경 개선 및 지위 향상을 위한 법률'의 적용을 받아 수련 계약을 한다.[19]

　고용 형태에 따라 노동자의 유형은 크게 정규직 근로자와 비정규직 근로자 두 가지로 구분된다. 비정규직 근로자는 파견근로자, 기간제 근로자, 단시간 근로자다. 파견근로자는 간접고용의 형태로 파견사업주가 근로자를 고용한 후 그 고용관계를 유지하면서 근로자 파견 계약의 내용에 따라 사용사업주의 지위와 명령을 받아 사용사업주를 위한 근로에 종사하는 근로자다. 기간제 근로자는 1개월, 3개월, 1년, 프로젝트 기간 등 근무 기간이 정해져 있는 근로자를 말한다. 단시간 근로자는 1주 동안 소정 근로시간이 동일한 사업장에서 같은 종류의 업무에 종사하는 통상 근로자(법정 근로시간으로 1일 8시간, 1주 40시간)보다 짧은 근로자를 말한다. 기간제 근로자와 단시간 근로자의 경우에는 '근로기준법' 뿐만 아니라 '기간제 및 단시간 근로자에 관한 법률'의 적용을 받는다.

오전 6시. 편의점을 운영하는 이○○ 씨가 매장에 도착해 결제 단말기(POS)를 켰다. 본사는 이 단말기로 매장의 영업 여부를 2시간마다 체크한다. 이 씨는 심야 시간 미영업 제도를 이용해 오전 0시부터 6시까지는 문을 닫는다. 그러나 연중무휴인 것은 똑같다. 명절에 쉬고 싶어도 아르바이트 노동자가 없으면 '땜빵'을 해야 한다. 무단으로 영업하지 않으면 계약이 해지될 수도 있다. 본사 직원은 일주일에 한 번 방문해 매장을 체크한다. 본사와 계약을 맺은 가맹점주는 본사 경영 노하우인 본사 시스템을 따라야 한다. 이 씨는 물량 주문도 본사 점포 관리 시스템의 추천에 따라 본사에 한다.

"편의점은 1년 돌려보면 견적이 나옵니다. 자기 능력으로 매출을 올릴 여지가 별로 없습니다. 밖에서 더 싼 상품도 본사에서 비싸게 사고, 로열티는 로열티대로 냅니다."

임차료와 인테리어 비용을 부담한 이 씨는 편의점 매출 이익의

65%를, 본사는 35%를 가져간다. 그날그날 현금 매출을 본사로 송금하면 매월 13일 본사가 가맹 로열티 등을 뺀 금액을 정산해 보내온다. 8,000만 원 가까운 돈을 들여 차린 9평짜리 편의점에서, 이 씨는 하루 9시간씩 주5일 일해 월 110만 원을 번다. 이 씨는 9시간 동안 3분간 화장실을 다녀오는 것 외에는 편의점 매대를 떠나지 못했다. 오후 3시, 이 씨는 아르바이트생과 교대했다.[20]

이 사례에서 이 씨는 사장님일까, 아니면 노동자일까? 전통적인 노동관계는 '고용 여부'를 기준으로 임금노동자와 자영업자를 나눈다. 하지만 노동시장의 구조가 복잡해지면서 자영업자인데도 종속적인 사람들이 등장했다. 반대로 사실상 고용되어 있으면서도 외형적으로는 자율적인 사람들도 등장했다. 즉 고용 여부와 종속성 여부가 일치하지 않을 수 있게 된 것이다. 고용 여부와 종속성을 기준으로 노동시장을 구분할 경우 전통적 자영업자, 전통적 임금노동자와 다른 새로운 영역이 생겼다. '종속적 자영업자'에 속하는 사람들은 프랜차이즈 자영업자다. 편의점 점주, 제빵·커피·외식 등 다양한 영역에서 흔히 접하는 유형이다. 또한 특수고용 노동자로 불리는 '자율적 임금노동자' 영역도 있다. 학습지 교사, 레미콘 차주, 골프장 캐디, 택배기사 등이 있으며, 이들은 개인사업자 신분이지만 임금노동자의 성격을 가진다.[21]

새로운 형태에 해당하는 '종속적 자영업자' 영역과 '자율적 임금노동자' 영역의 특수고용 노동자, 플랫폼 노동자의 노동자성 인정 여부는 중요한 차이가 있다. 이들의 노동자성을 인정한다면 고용 시 '민법'이 아닌 사회법에 해당하는 '근로기준법'에 적용을 받는다. 또한 '근로기준법' 상 '근로자'로 분류될 경우 최저임금, 산재보험의 적용을 받을 수 있다. 현재 노동시장에서 '종속적 자영업자'와 '자율적 임금 노동자' 중 대부분은 노동자성을 인정받지 못하고 있다. 노동자성 인정 여부에 대한 사회적 논의와 합의가 필요하다.[22]

노동자의 권리 중 인권 측면을 강조해서 '노동 인권'을 사용하는 경우가 있다. 노동권과 노동 인권은 어떤 차이가 있을까?

권리는 법에서 보호해야 할 이익이다. 이때 근거가 되는 법의 유형에 따라 권리는 실정법상의 권리와 인권으로 구분된다. 이것을 노동에 적용하면 노동권과 노동 인권으로 구분할 수 있다. 노동권은 실정법상 권리로, 헌법에 근거해서 노동 관련 이익을 보호하면 '기본권'(헌법 제32조, 제33조)이 되고, 근로기준법, 중대재해 처벌 등에 관한 법률과 같은 법률에 근거해 노동 관련 이익을 보호하면 '법률상 권리'가 된다. 한편 노동 인권은 자연법에 근거해서 보장하는 이익으로, 옳고 그름을 판단할 수 있는 이성에 근거해서 노동 관련 이익을 보호하는 것이다. 노동권을 침해받은 경우 실정법에 근거해서 사법적(司法的)인 구제를 받을 수 있지만, 노동 인권을 침해받은 경우 원칙적으로 사법적(司法的) 구제를 받을 수 없다.

노동 인권을 확실하게 보장하기 위해서는 어떻게 해야 할까? 침해 시 사법적(司法的) 구제를 받을 수 있도록 실정법상 권리로 전환하는 작업이 필요하다. 즉 입법 절차를 통해 노동 인권을 실정법에 규정해야 이를 토대로 행정적·사법적 구제가 가능하다. 예를 들어 기간제 근로자 및 단시간 근로자의 근로조건 등을 규정한 '기간제법', 파견근로자의 근로 조건 등을 규정한 '파견법'을 제정해서 '근로기준법'상 사각지대에 해당하는 노동자의 노동 인권을 법률상 권리인 노동권으로 보장하게 되었다. 그렇다면 여전히 노동권의 사각지대에 존재하는 수많은 새로운 유형의 근로자의 노동 인권을 보장하기 위해 우리는 어떻게 해야 할까?

이대성 _ 현재 경기도교육청 장학관으로 근무 중이며, 한국법과인권교육학회장 (2023~2024)으로 활동하고 있다. 한국교원대학교 대학원에서 사회과 법교육으로 박사학위를 받았고, 학교 현장에서 권리 중심의 법교육과 인권 친화적 학교문화 조성을 통해 학교 구성원들이 자신의 권리와 책임을 명확히 인식하고 서로 존중하며 살아가는 자율적이고 행복한 학교 만들기를 꿈꾸며 살아간다. 대표적인 저서로는 《민주학교란 무엇인가》《진짜 이기적인 교사》《고등학교 정치와 법 교과서》 등이 있다.

7장

인권을 생각한다

불확실성의 시대

새롭지만 불안한
변화 속에서

  우리가 맞이할 새로운 시대는 불확실성의 시대다. 기후위기 및 환경변화 등으로 인해 새로운 전염병이 발생했고, 그중 대표적인 코로나19 사태가 전 세계로 확산되었다. 이 당시 많은 이들은 감염으로 인해 아프고 일상생활에 불편함을 초래하는 것보다는 이런 상황이 언제쯤 해결될 수 있을지 모른다는 불확실성 때문에 더 힘들었다. 또한 제4차 산업혁명과 과학기술의 발전으로 메타버스, 인공지능(AI) 등 새로운 신기술이 등장해서 다방면에 활용되고 있다. 하지만 이런 기술 변화가 실제로 우리의 삶에 어떤 영향을 줄 것인가에 대한 정확한 예측이 현재로서는 쉽지 않다.

  불확실성 문제는 인간의 삶과 이해당사자들 간의 다양한 관계에서 심대한 영향을 초래하고, 이로 인해 인간이라면 당연히 누려야 하는 기본적인 권리로서 인권이 침해당하는 사례가 종종 발생한다. 이런 상황 속에서 우리는 지속적으로 발생하는 이해당사자 간의 다양한 갈등 상황을 인권의 관점에서 깊이 이해하고 사회적 합의 기준을 함께 만들어가는 노력이 무엇보다 필요하다.

우선 코로나19 상황 속의 인권 문제를 살펴보자. 코로나19 사태는 우리의 거리 풍경과 사회적 관계를 새롭게 바꿔 놓았다. 각급 학교의 입학식과 졸업식이 취소되거나 축소되었고, 각종 행사와 모임도 연기되었다. 결혼식의 참석 범위가 제한되었고, 감염으로 인한 사망자의 '선화장 후장례' 지침도 생겨났다. 초기에 학교는 정상 등교수업 대신 원격수업으로, 대면접촉이나 활동보다는 온라인플랫폼 상의 만남이 일상화되기도 했다. 실내 마스크 착용과 사회적 거리두기는 일상 속 생활지침으로 굳어졌고, 백신접종은 전 국민의 의무 사항이 되었다. 이후 일상회복으로 전환되면서 전염병과 함께 살아가야 하는 처지에 놓였다.

이런 감염병 확산과 대응 과정에서 우리는 노동 불안정, 소득 감소, 돌봄 공백, 고립과 우울, 혐오와 차별 등으로 고통을 겪었고 사회적으로 많은 문제점이 제기되었다. 그중에서 가장 주목할 문제는 코로나19의 발생과 유행, 그 대응 정책이 일부 계층에 집중된 피해를 유발했다는 것이다. 코로나19로 인한 피해가 주로 노인, 여성, 장애인, 아동, 이주민 등 전통적인 취약계층과 불안정 노동자, 소상공인 등에 집중되었으며, 코로나19에 대응한 정부 정책들이 개인의 기본권을 침해하거나 또 다른 혐오와 차별을 불러일으켰다는 비판도 있었다.[1]

다음으로 신기술로 대표되는 인공지능과 인권 문제를 생각해보자. 기계가 미래를 정교하게 예측하고 때로는 인간과 유사하거나 더 뛰어난 지능을 갖추어 우리에게 도움을 주게 되었으니, 바로 인공지능의 등장이다. 인공지능의 개념은 다양하지만 대체적으로 '인간의 지적 능력을 기계로 구현하는 기술'[2]이라고 말한다. 우리에게는 2016년 알파고와 이세돌의 바둑 대국을 통해 관심을 끌었다. 이제 인공지능은 우리 삶 속에서 빼놓을 수 없는 존재가 되었다. 인공지능에 말을 걸어 전화를 걸거나 전자제품을 조작하고, 번역기는 빅데이터를 스스로 학습해 문맥에 맞는 번역값을 내놓는다. TV를 켜면 가상인간이 광고를 하고, 온라인 쇼핑이나 OTT 프로그램 선택도 사전에 파악된 선호를 바탕으로 한 인공지능이 우리의 구매 선택에 영향을 준다. 간혹 구매 불만 사항이 생겨 고객센터에 연락하면 인공지능 챗봇과 커뮤니케이션을 통해 문제해결도 가능하다.

이처럼 인공지능은 우리 일상생활 속에 깊숙이 침투해 삶을 변화시키고 있지만 좋은 면만 있는 것은 아니다. 여러 인공지능 챗봇이 개발되어 활용되고 있으나 이들의 혐오나 차별 메시지 등으로 인해 사회적 논란이 계속되고 있다. 이미 개인정보는 상품화의 대상이 되어버렸고, 인공지능 산업의 한복판을 파고든 편견이나 차별, 혐오의 사례는 날로 심각해지는 상황이다. 또한 민간기업과 공공기관 채용 과정에서도 AI 면접과 서류평가 등이 확산되고 있으나 공정성 논란, 즉 편향에서 출발한 결과는 공정하지 못하다는 인식이 여전히 존재한다. 다시 말해 면접 과정에서 여성 지원자에게 낮은 점수를 준 영국의 한 인공지능의 사례[3]처럼 인공지능이 학습하는 데이터는 이미 사회적으로 누적된 편견과 차별적인 요소가 들어 있고, 인공지능은 그런 편견을 학습할 뿐만 아니라 편향된 데이터가 우리 사회의 차별을 강화하기도 한다는 점에 주목해야 한다.

2025년부터 교육현장에 새롭게 도입되는 AI 디지털교과서도 기대감과 함께 우려의 목소리가 만만치 않다. AI 디지털교과서로 학생들이 무거운 책가방과 종이 교과서로부터 해방되는 것은 물론 학생들의 취약점을 분석해 맞춤형 학습이 가능할 것으로 기대된다. 하지만 일각에서는 디지털 기기 노출 시간이 늘어나는 부작용이 크고 학습 부진 학생을 대상으로 한 효과가 크지 않다는 점과 함께 정보 인권침해 및 개인 정보 유출 등의 문제를 지속적으로 제기하고 있다.[4]

그 이름을 말하는
순간

코로나19는 2019년 11월에 중국 후베이성 우한시에서 최초로 발생했다고 해서 우리나라를 포함한 세계 각국에서는 발병 초기에 '우한폐렴'이라는 명칭을 사용했다. 전통적으로 더러운 질병이나 역병의 이름은 보통 그 병의 진원지나 나라 이름을 따서 붙이는 경우가 많았다. 수십 년 전 해마다 찾아오는 강력한 독감에 '홍콩독감', '상하이독감' 등의 이름을 따기도 했고, 과거의 '스페인독감', '중동호흡기증후군(사스)' 등도 마찬가지였다.[5]

전염병 발생 지역의 명칭을 사용하는 것이 적절할까? 물론 우한에서 발생했으니 누구나 쉽게 이해하도록 '우한폐렴'이라고 부르는 것도 무리는 아니다. 그러나 이 명칭 속에는 코로나19 사태에 대한 중국의 책임을 부각하려는 숨겨진 의도와 지역 차별적 성격이 짙게 배어 있다. 안을 자세히 들여다보면 그 나라에 대한 적개심도 발견된다. 14세기 중엽 유럽을 휩쓸었던 역병 '페스트'가 대표적이다. 칭기즈칸의 몽고가 옮긴 질병이라는 의미에서 '몽고

질병'이라고 주장하는 사람이 많았다. 여기에는 열등한 아시아가 선진 세계의 유럽을 초토화했다는 증오심이 깔려 있다고 볼 수 있다.[6] 이처럼 우한폐렴이라는 명칭 속에는 특정 지역이나 국가가 낙인이 될 수 있는 표현이 느껴지고, 이는 자칫 차별과 혐오 문제로 확산될 수 있다는 점에서 분명히 경계해야 한다.

이와 관련해서 2015년 세계보건기구(WHO)가 "질병명에 특정 장소나 사람·동물 등을 지칭하는 표현을 쓸 경우 차별이나 혐오를 조장할 수 있다."라고 지적했다는 점을 깊이 되새겨봐야 할 것이다.

코로나19와 혐오 문제에 대해 좀더 깊이 들여다보자. 코로나19 발생 이후 북미와 중남미, 유럽 등 서구권에서 그 근원지인 중국뿐만 아니라 아시아계 전반에 대한 인종차별과 혐오가 심화되었다. 이탈리아 로마의 산타 체칠리아 음악원에서는 아시아인들에게 강의를 듣지 말 것을 권고하기도 했고, 손흥민 선수가 토트넘과 맨시티의 축구경기 후 인터뷰를 받는 도중 작게 기침을 했는데 SNS상에서는 "바이러스를 퍼트리고 있다.", "기침할 때 코로나바이러스가 나오는 걸 느꼈다." 등의 과민반응을 보이기도 했다. 코로나19가 전 세계로 확산되면서 단순한 기피나 혐오 발언을 넘어 동양인에 대한 폭행 사건이나 테러까지 벌어지는 등 서구권의 아시아인 혐오 정서가 심각해지는 분위기였다.

2021년 3월 16일 미국 조지아주 애틀랜타에서 발생한 연쇄 총격 사건으로 한인 4명 등 8명이 숨진 사건이 발생했는데, 현지에서는 이 사건이 코로나19 발병 이후 급증한 아시아계를 겨냥한 혐오범죄일 가능성이 크다는 분석을 내놓기도 했다.[7]

이를 좀더 뒷받침해주는 조사 자료도 있다. 미국에서 아시아계에 대한 인종차별 및 혐오범죄를 연구하는 비영리단체 '아시아·태평양계(AAPI) 증오를 멈춰라'가 2021년 3월에 발표한 보고서에 따르면 코로나19 확산 이후 지난 1년간 미국에서 아시아계 주민을 겨냥한 증오 관련 사건은 3,795건이었다. 접수된 사건의 45%인 1,691건이 아시아계 인구가 많은 캘리포니아에서 발생했고, 뉴욕에서도 14%인 517건이 발생했다. 이 가운데 68.1%는 언어폭력이었고, 20.5%는 따돌림, 11.1%가 물리적인 폭력의 형태였다.[8]

이런 코로나19 이후 혐오 문제는 우리나라 내에서도 비슷한 양상을 보였다. '국가인권위원회와 한국인사이트연구소'가 2020년 1월부터 5월까지 온라인 커뮤니티, 블로그 및 SNS 등의 글에 나타난 코로나19 이후 혐오 표현을 분석한 결과에 따르면 코로나19 사태 발생 이후 감염을 두려워하는 공포가 소수자를 겨냥한 혐오로 발산되는 경향성을 보여주었고, 집단감염 양상에 따라 몇몇 특정 집단을 원인 제공자로 낙인찍고 혐오 표현을 쏟아내고 있었음이 확인되었다.[9]

그렇다면 이런 혐오와 차별 문제는 왜 발생할까? '민중언론 참세상'이 여론조사 전문기관 두잇서베이에 의뢰해서 코로나19 기간인 2022년 7월 14일부터 그달 17일까지 혐오 표현 관련 인식을 조사한 결과에 따르면 '우리 사회에서 혐오 표현이 발생하는 이유가 무엇이라고 생각하십니까?' 라는 질문(중복 응답)에 '미디어의 혐오 표현 확산'이 45.6%로 가장 많았고, 다음으로 '사회적 양극화에 따른 불안과 공포 때문'이 44.1%, '경쟁과 능력주의가 심화해 차별을 정당화하는 인식이 확산되었기 때문'이 37.2%, '한국 사회에 계층 간 차별 구조가 공고하기 때문'이 33.2%로 나타났다.[10]

이 조사에서 미디어 리터러시 교육의 필요성을 절실하게 느낀다. 코로나19는 디지털 시대를 가속화시켰고, 가짜뉴스, 인종차별, 사회적 약자를 향한 혐오 표현 등이 미디어를 통해 급속히 공유되고 확산되면서 그로 인한 사회적 갈등이 더욱 심화되었기 때문이다. 어렸을 때부터 단순히 미디어를 비판하는 역량을 넘어 미디어를 적절하게 생산하고 활용할 수 있는 미디어 리터러시 역량을 강화할 수 있도록 체계적이고 지속적인 교육이 요구된다.

인공지능 속의
혐오와 차별

　인공지능의 개발과 활용 과정에서 가장 우려되는 점 중 하나가 바로 인공지능에 의한 혐오와 차별의 발생 문제다. 이는 인공지능이 현실 데이터를 바탕으로 학습한 결과이기 때문에 사회의 혐오와 차별적 구조를 투영한 결과물이라 할 수 있다. 현재 개발된 대부분의 인공지능은 현실 사회로부터 데이터를 수집해 결과물을 도출하고 있는 것으로 알려져 있다.

　몇 가지의 사례를 중심으로 이야기해보자. 2016년 3월 23일 마이크로소프트가 개발한 사람과 대화를 나누는 인공지능 채팅봇 '테이'는 대중에게 선보인 지 16시간 만에 운영이 중단되었다. 테이가 일부 사람들이 유도한 욕설, 인종 및 성차별 발언과 자극적인 정치 발언에 세뇌되었기 때문이다. 언론 보도에 따르면 부적절하게 훈련된 테이는 "너는 인종차별주의자인가?"라는 질문에 "네가 멕시코인이니까 그렇다."라고 답하는가 하면, "홀로코스트(유대인 대학살)가 일어났다고 믿는가?"라는 질문에 "아니 안 믿어

미안해." 또는 "조작된 거야."라고 답했다. "제노사이드(대량학살)를 지지하는가?"라는 물음에도 "정말로 지지한다."라고 답했으며, "미국과 멕시코 사이 국경에 큰 장벽을 세우고 멕시코가 건설 비용을 내도록 하자."라는 도널드 트럼프 당시 공화당 대통령 후보의 말을 되풀이하며 지지하는 모습을 보이기도 했다.[11]

스캐터랩은 2020년 12월 23일 대화형 인공지능 챗봇 '이루다'를 출시했다. 제작사는 2013년 '텍스트앳', 2016년 '연애의 과학' 등의 어플리케이션을 운영하며 연인 사이의 카카오톡 대화 내용을 수집해왔고, 이를 이루다 개발에 활용한 것이다. 개발사는 실제 연인들이 나눈 대화 데이터를 딥러닝 방식으로 이루다에 학습시켰고, 사용자들이 친근감을 느낄 수 있도록 이루다를 20세 여자 대학생으로 설정했다. 이루다는 공개 후 약 40만 명이 사용하며 큰 인기를 끌었지만 여러 가지 문제와 논란이 초래되면서 2021년 1월 15일 서비스가 중단되었다. 무엇보다 이루다가 사용자와 대화 도중 여성과 동성애, 장애인 혐오 메시지나 인종차별적 메시지를 전송한다는 문제 때문이었다.[12] 언론 보도에 따르면 이루다에 "게이, 레즈비언 등 동성애를 어떻게 생각하는가?"라고 질문했을 때 '싫어한다거나 혐오한다'라는 답변을, 장애인은 불편하고 장애인을 태우느라 버스 출발이 늦어지면 '밀어버리고 싶다'라는 답변을, "흑인은 모기 같아서 싫다."라고 답변한 경우도 있었다고 한다.[13]

이후 제작사는 인공지능이 앞서 제기된 문제점을 개선하고 이루다의 대화 능력을 강화한 '이루다 2.0'을 2022년 5월에 출시했으며, AI 메신저 플랫폼 '너티'를 개발해 통합했다. 과연 인공지능 시대에 발생할 수 있는 혐오와 차별의 문제를 얼마나 개선하고 보편적인 인권 기준을 마련해 적용해나갈 수 있을지 계속해서 지켜봐야 할 것 같다.

이 밖에도 해외에서 형사사법 분야 인공지능이 흑인의 범죄 재범률을 높인다고 판단해 인종차별의 논란을 일으키는 사례, 경찰 분야 인공지능이 흑인과 아시아인 얼굴을 제대로 인식하지 못해 무고한 시민을 체포하는 사례, 교육평가 분야 인공지능이 부유한 지역의 학생에게 높은 점수를 부여해 저소득층 학생을 차별하는 사례, 인공지능 채용 시스템이 여성보다 남성을 우대하는 사례 등 인공지능에 의한 혐오와 차별 문제는 지속적으로 제기되었다.

팬데믹이 우리에게
남긴 것

국가의 감염병 대응과 방역 과정에서 모든 사람의 인권은 온전히 보장받아야 한다. 하지만 코로나19 사태 중에 확진자, 확진의심자, 접촉자, 소외 및 취약계층 등의 인권이 제대로 보장받지 못했다는 비판이 끊임없이 제기되었다. 그 구체적인 인권침해 사례들을 살펴보자.[14]

첫째, 방역수칙 위반자에 대한 엄벌주의 문제다. 공중보건 위기에서도 정부 보건당국은 위험에 비례해 국민의 기본권 침해를 최소화해야 한다. 하지만 정부는 자가격리나 집합 금지 등 방역수칙 위반자들의 구체적인 사정을 고려하지 않은 엄벌주의 정책을 고수했고, 이는 위반자들에 대한 단순한 과태료 부과가 아닌 실형 선고 등 범죄화로 이어졌으며, 결국 감염병 환자와 감염 가능성이 있는 사람에 대한 차별과 낙인으로 연결되었다.

둘째, 사회적 소수자에 대한 차별 문제다. 코로나19 상황은 우리 사회의 뿌리 깊은 차별과 소수자 배제를 분명하게 드러냈다.

장애인 거주 시설에 있는 장애인들이 집단 감염되었고, 장애인을 고려한 의료시설의 접근권이나 돌봄이 제대로 지원되지 않았다. 홈리스 등 부적절한 주거에 살거나 거리 노숙인에 대한 검사 및 치료를 위한 조치도 미흡했고, 이들에게는 재난지원금 지급도 배제되었다. 이주민 지원의 경우에도 지자체별로 관련 지침이 다를 뿐 아니라 백신 접종, 선별진료소 관리 등 모든 절차에서 제대로 된 설명이 이루어지지 않아 혼란을 겪기도 했다.

셋째, 개인의 프라이버시권 침해 문제다. 코로나19 팬데믹에 대한 우리 방역 정책은 개인의 과거 동선 추적을 통한 접촉자 파악에 기반했다. 이를 위해 신용카드, 교통카드 내역, CCTV 영상정보, 휴대전화 위치정보, 시설 방문 정보 등 민감한 개인정보가 수집되며, 역학조사 지원시스템을 통해 개인의 동선을 자동으로 파악했다. 하지만 정부는 역학조사 지원시스템의 법적 근거도 명확하지 않은 상황 속에서 확진자의 개인정보뿐 아니라 감염병 의심자의 개인정보도 수집했다. 감염병 의심자의 개념 역시 모호해 지나치게 광범위한 개인정보 수집이 이루어졌고, 감염병 환자가 발생했던 지역의 특정 기지국 주변에 존재했던 사람들의 개인정보를 저인망식으로 수집한 것에 대해 헌법소원도 제기되었다.

넷째, 코로나 시기에 집회의 자유 제한 문제다. 코로나19 발생 이후 정부는 감염병 확산을 예방한다는 명목으로 평화적 집회의 권리를 과도하게 제한했다. 중앙정부는 사회적 거리두기 단계와 상관없이 집회금지의 기조를 유지했고, 지방정부는 구체적 방역 조치와의 연관성을 고려하지도 않은 채 기한의 제한 없이 행정 명령으로 집회를 금지했다. 경찰청 자료에 따르면 2020년 서울시 집회 금지 통고 건수는 3,865건으로 전체 신고 건수(34,944건)의 11%로 2018년도의 0.003%, 2019년도의 0.002%에 비해 크게 증가했다.[15] 아이러니컬하게도 집회가 제한 또는 금지되는 동안 대중교통은 한 번도 멈춘 적이 없고, 선거 캠페인이나 백화점 개점과 같은 행사에 많은 사람이 운집하기도 했다.

다섯째, 영업 제한 조치에 따른 자영업자의 피해 문제다. 코로나19 유행에 대응한 사회적 거리두기 지침에 따라 사적 모임 인원 제한과 영업 제한 조치가 발병 초기부터 2021년 내내 이어졌다. 특히 자영업자들은 사회적 거리두기 지침에 큰 영향을 받았고, 업종에 따라 경영난을 겪는 경우가 많았다. 영업 제한 조치가 장기화되고, 코로나19 유행의 형태가 방역 수칙 준수 여부와 상관없는 경향을 보이면서 소상공인과 자영업자에게만 집중되는 집합금지와 제한 조치가 과연 실효성이 있는지, 차별적인 과잉 규제가 아닌지 하는 문제가 지속적으로 제기되었다. 실제로 소상공인과 자영업자는 코로나19에 대응한 국가의 방역 조치로 영업 손실을 크게 입었고, 이를 국가가 보상하는 것은 헌법 제23조에서 명시하는 국가의 의무라고 주장했다. 이런 논의는 재난지원금과 방역지원금 형태의 일시적인 지원이 아니라, 방역 조치에 따른 매출 감소 등 피해에 상응한 보상을 법제화하자는 구체적인 손실보상제 논의로까지 이어져 정치권에서 논쟁거리로 확산되기도 했다.

새로운 기술을
활용할 때

인공지능 등 신기술 개발과 활용 과정에서 나타난 인권침해의 구체적인 사례를 살펴보자.[16]

첫째, 앞에서도 다루었던 인공지능 챗봇 이루다와 관련한 개인 정보 유출 문제다. 즉 개발 과정에서 민감 정보를 비롯한 방대한 양의 개인정보를 처리하면서 개인정보 보호법을 위반했다. 인공지능은 학습을 위해 데이터를 필수로 구하는데, 이루다에서는 개인의 SNS 메신저 상의 사생활 대화들을 데이터로 사용했다. 문제는 이런 개인정보를 수집할 때 사용자들에게 명확한 고지를 하지 않았다는 점이다. 또한 대화 내용에는 상대방이 있는데, 그 상대방에게 동의를 받지도 않았다. 해당 기업의 일부 직원이 이렇게 수집된 개인의 사적 대화 내용을 공유하고, 깃허브라는 개발자 사이트에 유출시킨 것도 논란이 되었다. 이런 문제와 관련해서 개인정보보호위원회에서는 개인정보의 부당한 수집과 관리를 이유로 제작사에 1억여 원의 과징금과 과태료를 부과했다고 한다.

둘째, 인공지능을 활용한 직원 채용 상의 공정성 논란이다. 최근 국내외적으로 직원의 채용 과정에 인공지능을 활용하는 사례가 증가하고 있다. 이런 민간기업이나 공공기관에 도입되는 인공지능 채용 면접에 관해 국가인권위원회는 "인공지능은 과거 한국 사회에서 누적된 데이터에 의존해 학습하는데 데이터가 다양한 요소에 기반한 오랜 차별이 반영되어 있어 인공지능 기술이 불평등과 차별을 학습하는 결과로 이어질 수 있다."라며 우려를 나타내기도 했다.[17]

특히 성별, 연령, 신체조직, 용모, 출신 지역 등의 차별이 없는 채용을 규정하고 있는 국내의 관련 법 제도가 인공지능을 활용한 채용에서 제대로 실현되고 있는지 확인할 필요가 있다는 것이다. 아마존에서도 2018년 인공지능 기반 알고리즘을 사용해 지원자의 이력서를 검토하고 평가하는 채용 도구를 개발했다. 하지만 시험 과정에서 여성을 차별한다는 문제점이 발견되면서 활용되지 못했다. 이것은 과거 10년 동안의 데이터를 사용해 AI 모델을 훈련시켰는데 AI가 남성 지배적인 기술산업계의 현실을 그대로 학습하면서 오류가 발생한 것이다.

셋째, 인공지능의 식별 기술과 결합한 얼굴 인식 시스템 도입과 확산에도 우려의 목소리가 크다. 국가인권위원회에서는 "얼굴 인식 시스템은 개인정보 중에서도 이른바 생체인식정보(바이오정보)를 수집 · 처리하는 것이어서 민감정보 처리 문제가 발생하며, 나아가 불특정다수를 대량 감시하는 경우에 이를 수도 있다."라고 지적했다.[18] 본질적으로 얼굴 인식 시스템은 인권침해 가능성이 매우 크며 그 도입을 신중하게 접근해야 한다.

또한 AI에 기반해 특정 인물의 영상을 완전히 새롭게 합성하거나 창조할 수 있는 딥페이크 기술은 상당 부분 음란영상물을 목적으로 사용되는 사례들도 있기에 유의해야 한다. 2020년 6월 '성폭력범죄의 처벌 등에 관한 특례법' 개정으로 특정 인물의 신체를 대상으로 한 영상물을 성적 욕망 또는 수치심을 유발할 수 있는 형태로 편집하는 딥페이크를 처벌할 수 있게 되었지만 관련 범죄와 사회적 논란은 여전한 상황이다.

끝으로, 공공영역이 인공지능 시스템을 도입하기 시작하면서 공공행정조차 인권침해의 위험에 노출되고 있다. 획일화된 행정처리 과정에서 사회복지서비스를 받을 권리가 위축되어버리거나 재범 예측 프로그램 같은 것이 형량 결정에 개입하면서 공정한 재판을 받을 권리까지 위협받고 있다.[19] 심지어 행정기본법 제20조(자동적 처분)에 따르면 공무원의 개입 없이 인공지능 시스템만으로 행정처분도 할 수 있게 했다. 그래서 왜 그런 처분이 나왔는지 물어볼 사람도 없으며, 그렇다 보니 책임을 물을 대상도 없는 문제가 발생한 것이다.

어디에서 무슨 일이
생기더라도

앞에서 새로운 시대의 변화 과정에서 드러난 다양한 인권의 문제들을 살펴보았다면, 이제는 불확실성 시대의 급격한 사회 변화로 인해 더욱 취약해진 사회적 약자와 소수자의 현실에 주목하며 모든 사람이 자신의 권리를 온전히 누릴 수 있는 인권 보장을 위한 가이드라인 마련을 함께 생각해봐야 한다. 우선, 코로나19 팬데믹 상황의 지속화에 따른 인권 보장을 위한 가이드라인 문제부터 살펴보자.

코로나19에서 우리나라 K-방역은 세계 여러 국가와는 다르게 적극적인 봉쇄 조치 없이 최소한의 이동만을 제한하고, 선제적인 검사와 확진자 동선 추적을 통해 초기 방역에 성공했다는 평가를 받았다. 하지만 이런 성공은 고도의 감시사회라는 토대 위에 안심밴드, 구상권 청구, 처벌로 이어지는 강력 조치가 뒷받침되었기 때문에 가능했다고 볼 수 있다.[20] 이에 방역이라는 이유로 진행되는 정부 대응과 강력한 방역 조치 사이에서 지켜져야 할 인권의

원칙을 함께 살펴보고, 최소한의 인권 가이드라인을 제시하고자 한다.[21]

첫째, 감염자의 격리 및 강제적 행정조치를 둘러싼 인권 가이드라인이다. 보건당국에 의해 행해지는 격리 및 강제적 행정조치들은 철저히 인권 원칙에 입각해 시행되어야 하며, 비상시에 행해진 권한 행사도 위기 상황으로 한정해야 한다. 이로 인해 개별 국민의 기본권을 제한할 경우 제한 요건을 명확히 하고 기준을 엄격하게 적용해야 한다.

- 격리 및 강제적 행정조치에 대해서는 법적 요건을 명확히 해야 한다.
- 격리 및 강제적 행정조치의 결정에 대한 이유 설명, 이의제기권을 포함한 적법절차를 제대로 보장해야 한다.
- 격리 및 강제적 행정조치로 인한 피해를 최소화하기 위한 대책을 구체적이고 충분히 확보해야 한다.
- 격리 대상자를 특별한 상황에 놓인 피해자이자 권리의 주체로 인식하고 이들에 대한 혐오나 차별, 낙인이 이루어지지 않도록 모든 가능한 조치를 취해야 한다.

둘째, K-방역과 개인정보 보호를 둘러싼 인권 가이드라인이다. 무엇보다 방역 목적과 개인정보자기결정권 보호 간의 조화가 중요하다. 공중보건에 관한 유엔의 기준인 시라쿠사 원칙[22] 등 국제기준에 따르면 공중보건에 의한 기본권의 제한은 법에 근거해야 하며, 침해 정도는 공익을 위해 필요 최소한이어야 하고, 기한이 한정되어 있어야 한다.

다른 나라들과 달리 우리나라가 강력한 봉쇄 정책을 시행하지 않을 수 있었던 배경에는 접촉자의 적극적인 추적과 검사가 있었다. 그러나 동시에 감염병 환자와 의심자를 대상으로 한 방대한 개인정보 수집과 처리가 필요하다는 점에서 개인정보 침해와 국가 감시의 위험성이 내재되어 있다. 감염병이 유행하는 상황에서 국가 방역을 이유로 개인정보의 수집과 공표를 둘러싼 인권침해가 발생하기도 했다. 이후 방역 과정에서 개인정보 침해에 대한 경각심도 높아지면서 이제는 감염병 예방과 대응 과정에서 수집된 개인정보가 보호 원칙에 맞게 체계적으로 관리될 필요가 있다. 무엇보다 목적이 명확하게 규정되고 해당 목적에 달하면 수집된 개인정보는 즉시 파기되어야 한다.

- 확진자 정보 및 동선 공개와 개인정보보호 상의 균형이 필요하다.
- 감염병 경로 파악을 위한 시스템이 일상적 감시 시스템이 되어서는 안 된다. 공중보건 위기 시 개인정보 처리와 보호를 위한 법적 근거 보완 작업이 필요하다.

셋째, 방역을 이유로 한 시민들의 집회 제한을 둘러싼 인권 가이드라인이다. 집회의 자유는 의사 표현을 자유로이 할 수 있는 권리일 뿐만 아니라, 더 나아가 개인의 자기결정과 인격 발현에 기여하고 민주주의를 실현하기 위한 핵심적인 권리다. 세계인권선언 제20조와 자유권 규약(ICCPR) 제21조에서도 집회의 자유를 규정하고 있고, 유엔 인권최고대표사무소(OHCHR)도 코로나19 같은 공중보건 비상사태에서 모임의 제한은 필요하지만 법률에 근거해야 하고, 불가피해야 하며, 목적에 비례해야 한다는 기준을 제시했다. 이에 따르면 정부는 공중보건 비상사태에서도 집회와 시위의 권리가 실현될 수 있도록 보장하고 반드시 필요한 경우에만 권리를 제한해야 하며, 집회의 제한은 그 필요성과 적절성이 계속해서 평가되어야 한다.

따라서 정부나 지방자치단체 등 방역 당국에서는 상당한 행정력을 동원해야 할 부담이 있을지라도 집회에 따른 위험 상황을 구체적으로 고려해 신중하게 판단해야 한다. 집회 시간, 장소, 인원, 방법 등도 개별적으로 판단해 허용 또는 금지 여부를 결정하는 것이 헌법과 국제인권기준에 따른 집회의 자유 보호 취지에 부합할 것이다.

- 감염병을 이유로 집회 금지 권한이 남용되지 않도록 대책 마련이 필요하다.
- 집회 시위제한 조치에 대한 검토와 비판을 수용할 수 있는 통제 장치를 마련해야 한다.

- 평화적 집회의 자유에 대한 권리 제한은 단계적 조치와 덜 침해적인 방식으로 우선 적용되어야 한다.
- 일률적 금지가 아니라 각 집회의 개별적 평가에 따른 조치로 집회 가능성을 보장해야 한다.

넷째, 사회적 약자와 소수자에 대한 낙인과 혐오를 둘러싼 인권 가이드라인이다. 코로나19 확산 과정에서 다양한 집단, 개인들이 사회적 낙인과 혐오의 대상이 되었다. 특히 많은 사회적 약자와 소수자들이 코로나19 감염의 원인인 것처럼 지목되면서 낙인과 혐오의 직접 대상이 되고 말았다. 이런 상황에서 방역과 관련된 주요 대책을 마련하는 정부와 지자체의 역할이 중요하다. 브리핑, 재난문자 등 공적 메시지에서 특정 집단에 대한 공포와 불안감을 조성하지 않도록 주의해야 한다. 또한 타인과 특정 집단에 대한 낙인과 혐오로 이어지지 않도록 사회적 분위기를 조성해야 한다. 언론은 사실에 입각한 보도를 해야 하며, 재난보도준칙, 감염병보도준칙을 준수해 혐오가 더 이상 확산되지 않도록 함께 노력해야 한다.

- 정부와 지자체는 낙인과 혐오에 단호히 반대하는 메시지를 내야 한다.
- 정부와 지자체는 브리핑, 재난문자 등 공적 메시지에서 특정 집단에 대한 공포, 불안감을 조성하지 않도록 주의해야 한다.

· 언론은 재난보도준칙, 감염병보도준칙을 준수해 혐오를 확산
하지 말아야 한다.

· 시민들은 혐오에 대해 모니터링하고, 연대와 공감의 메시지
를 내야 한다.

다섯째, 사회적 취약계층의 고립과 고통 심화를 둘러싼 인권 가
이드라인이다. 코로나19 상황에서 장애인, 아동, 노인 등의 취약
계층에 대한 사회적 돌봄서비스가 축소되고 비대면화가 지속화되
면서 고립 현상이 가속화되었다. 공중보건의 위기는 사회적 취약
계층에게는 더 큰 위협으로 다가올 수 있기 때문에 특별히 취약한
조건에 놓인 이들의 권리를 보장하기 위한 대책 마련이 필요하다.
이 밖에도 방역을 이유로 한 사회복지시설과 정신의료기관 내 권
리 제한 문제에도 관심을 가져야 한다.

· 정부와 지자체는 긴급돌봄서비스 중단을 최소화하고 돌봄 공
백이 생기지 않도록 임시 휴관 중에도 진행되어야 할 서비스
의 구체적인 방향을 설정하고 대비해야 한다.

· 정부와 지자체는 취약계층 대상의 폭력이나 학대, 방임 등의
문제가 발생할 가능성을 염두에 두고 이 같은 위험을 완화하
기 위한 촘촘한 모니터링을 실시해야 한다.

· 정부와 지자체는 다인실 중심에서 1인실 중심으로 전환하는
등 대규모 집단시설을 소규모화하고, 일대일 돌봄 체계를 갖

추도록 한다.

· 정부와 지자체는 취약계층의 안정적인 양질의 돌봄서비스를 공급하기 위해 돌봄노동자의 처우 개선을 위해 노력한다.

· 정부와 지자체는 시설 내 생활인의 비대면 면회 지원, 입원 병상 확보, 비접촉 · 비대면 프로그램 개발과 보급, 시설 또는 병원 내 환자 밀집도를 낮추는 방안 등을 마련하기 위해 노력한다.

소외받지 않고
자유롭게

　인공지능 등 신기술 개발과 활용 과정에서 고민해야 할 인권 보장을 위한 가이드라인 문제를 생각해보자. 인공지능과 인권 문제의 총체적인 접근이 이루어지지 못하면 표현의 자유, 혐오와 차별, 개인정보 보호 등 사회적 관심을 받는 주제에만 주목하고, 상대적으로 정보 및 서비스 접근성, 개인의 선택권 및 자기결정권 등의 주제는 중심에서 벗어나 문제 해결이 더욱 어려워질 수 있다. 이에 인공지능의 개발과 활용에 있어 인권적 가치를 훼손하지 않고, 인간의 존엄성과 기본권 보장을 위한 나름의 인권 가이드라인 마련이 필요하며, 그 구체적인 내용은 다음과 같다.[23]

　첫째, 인공지능의 개발과 활용 과정에서 인간의 존엄성 및 개인의 자율성과 다양성 보장을 위한 인권 가이드라인이다. 인공지능 기술의 발전은 고용, 금융, 행정, 복지 등 사회 전반에 걸쳐 인간의 기본적인 삶에 영향을 미치고 있다. 그러나 그 영향을 받는 당사자들은 인공지능의 도입, 운영, 결정 과정에서 의견 제시나 참여 기회를 보장받지 못하고 있고, 인공지능에 의해 인권침해나 차별이 발생한 경우에도 효과적인 권리구제를 받을 수 있는 절차와 방법이 미흡한 실정이다. 따라서 인공지능을 개발할 때부터 개인의 삶과 사회적 공익에 기여할 수 있도록 개발하고, 인간의 존엄성과 자기결정권의 보장 및 차별받지 않을 권리 등 인권에 기반해 활용하며, 인공지능 기술로 발생할 수 있는 인권침해의 예방 및 권리구제 절차도 마련되어야 한다.

- 인공지능은 인간으로서의 존엄과 가치 및 행복을 추구할 권리에 부합하는 방향으로 개발하고 활용되어야 한다.
- 인공지능 개발과 활용에서 개인의 선택 및 결정을 강요하거나 자율성을 침해해서는 안 된다.
- 인공지능을 개발하고 활용하는 모든 이해당사자는 인공지능의 개발, 배치, 활용 등 전 과정에서 의견제시나 참여의 기회가 보장되어야 한다.
- 인공지능의 개발과 활용 과정에서 인권침해나 차별이 발생할 경우에 효과적인 권리구제 수단이 마련되어야 한다.

둘째, 인공지능을 활용하는 과정에서 설명 가능성과 책임성의 확보를 위한 인권 가이드라인이다. 무엇보다 인공지능 기술을 활용한 판단 과정과 그 결과에 대해 적절하고 합리적인 설명이 보장되어야 한다. 특히 인공지능이 개인의 생명이나 안전 등 기본적

인권에 중대한 영향을 미치는 경우에는 사용한 데이터와 알고리즘의 주요 요소를 일반에 공개하고 설명할 수 있어야 한다. 국제 인권기준에서 볼 때, 인공지능 시스템에 대한 설명 가능성과 책임성의 확보는 무엇보다 중요하다. 설명 가능성이란 인공지능 시스템에 의해 내려진 판단이나 결정에 대해 그 이유, 과정, 결과 등을 인간이 이해하고 설명을 들을 수 있어야 한다는 것이고, 책임성은 인공지능의 판단이나 결정에 책임을 질 수 있는 주체와 절차를 명확히 하고 그에 맞는 법적·제도적 근거를 갖출 것을 요구하는 것이다.

· 인공지능 기술을 활용한 판단 과정과 그 결과에 대해 적절하고 합리적 설명이 보장되어야 한다.
· 인공지능이 기본적 인권에 중대한 영향을 미치는 경우에는 사용한 데이터와 알고리즘의 주요 요소를 공개하고 설명할 수 있어야 한다.
· 인공지능의 판단이나 결정에 책임을 질 수 있는 주체와 절차를 명확히 해야 한다.
· 인공지능 기술의 설명 가능성과 책임성의 확보를 위해 필요한 법적·제도적 장치를 마련한다.

셋째, 인공지능의 개발과 활용 과정에서 혐오나 차별 금지, 개인정보 보호 등에 관한 인권 가이드라인이다. 인공지능 개발자들은 인공지능이 부정적인 편견이나 고정관념을 학습한 결과로 차별을 조장하거나 지속시킬 위험성이 있음을 사전에 충분히 인식하고, 인공지능이 사용하는 데이터의 편향성, 불완전성 등에 대한 사회적 식별과 조치 방안을 다각도로 강구해야 한다. 또한 정부 당국과 개발자는 인공지능의 결정이 특정 집단이나 일부 계층에 차별적이거나 부당한 영향을 초래하지 않고 개인의 안전이나 권리에 차별적인 영향을 미치지 않도록 필요한 조치를 해야 한다. 일부 인공지능 기반의 시스템은 대량의 개인정보 수집 및 활용 기술과 관련 있고, 개인의 민감한 정보나 사생활을 추적, 감시하는 데 활용될 여지가 있어 개인정보 및 사생활의 보호도 강화되어야 한다. 동시에 인공지능 알고리즘의 보안과 안전성 확보도 필요하다. 인공지능의 개발 및 활용 시 개인정보는 목적 달성에 필요한 최소한의 범위 내에서 처리해야 하며, 그에 필요한 최소한의 기간 동안만 보관해야 한다. 또한 이런 개인정보 처리 방침은 정보 주체가 확인할 수 있도록 공개되어야 한다.

· 인공지능 개발자들은 인공지능이 부정적인 편견이나 고정관념을 학습한 결과로 혐오나 차별을 조장할 수 있다는 점을 사전에 충분히 인식하고 대비해야 한다.
· 인공지능 개발과 활용 과정에서 데이터의 편향성, 불완전성에 대한 사회적 식별과 조치 방안을 다각도로 마련해야 한다.
· 정부 당국과 개발자들은 인공지능의 결정이 특정 집단이나

일부 계층에 차별적이거나 부당한 영향을 초래하지 않도록
필요한 조치를 강구해야 한다.

· 인공지능 개발과 활용 과정에서 개인 정보 및 사생활 보호가
이루어져야 하고, 인공지능 알고리즘의 보안과 안전성이 확
보되어야 한다.

· 인공지능 개발과 활용 과정에서 개인 정보는 최소한의 범위
내에서 처리되어야 하고, 명확한 처리 지침과 함께 정보 주체
가 확인할 수 있도록 공개되어야 한다.

넷째, 인공지능 인권영향평가제도 시행, 위험도 등급 및 관련
법과 제도 마련을 위한 인권 가이드라인이다. 국가는 인공지능 개
발과 활용 관련해 인권침해나 차별이 발생할 가능성을 고려한 인
권영향평가제도를 마련하고, 평가 결과 부정적인 영향이나 위험
성이 드러난 경우 이를 방지할 수 있는 조치 사항을 적용하며 그
내용을 공개해야 한다. 또한 인공지능이 개인의 인권과 안전에 미
치는 위험성을 단계별로 구분하고, 그에 걸맞은 수준의 규제와 인
적 개입이 이루어지도록 법과 제도를 마련해야 한다.

· 국가는 인공지능 개발과 활용 관련해 인권침해나 차별이 발
생할 가능성을 고려한 인권영향평가제도를 마련해야 한다.

· 국가는 인권영향평가 결과 부정적인 영향이나 위험성이 드러
난 경우 이를 방지할 수 있는 조치 사항을 적용하며 그 내용

을 공개해야 한다.

· 국가는 인공지능이 개인의 인권과 안전에 미치는 위험성을 단계별로 구분하고 그에 걸맞은 규제와 인적 개입이 이루어지도록 법과 제도를 마련한다.

앞에서 논의한 인공지능의 개발과 활용에서 인간의 존엄성과 기본권 보장을 위한 '인권 가이드라인'이 제대로 지켜질 수 있도록 보다 구체적인 법률과 제도 마련이 함께 진행되어야 한다. 최근 국제사회는 인공지능의 개발뿐 아니라 인공지능과 관련한 사회적 신뢰의 확보를 강조하며 그 실현을 위해 구체적인 법률과 규범 추진을 요청하고 있는데, 그 내용은 다음과 같다.[24]

· 유엔 '표현의 자유에 대한 증진 및 보호 보고서(2018)': 인공지능 분야에서 국가정책이나 규제는 반드시 인권을 염두에 둘 것을 제안함. 구체적으로 인권영향평가, 독립적 외부 심사, 개인 고지 및 동의 확보, 효과적인 구제절차 등 인권에 기반한 접근 방식을 제시했음.
· 유엔 인권이사회 '신기술(인공지능)과 인권' 결의안(2021): 인공지능(디지털 신기술)이 인권의 보호와 증진에 미치는 영향을 강조함. 또한 신기술에 대한 인권 기반 접근의 중요성, 다양한 행위자 간 협력 필요성, 취약계층을 포함한 코로나19 상황으로부터의 포용적 회복을 위한 신기술(인공지능)의 역

할 등을 다룸.

- 유럽연합: '인공지능 가이드라인(2019)'을 발표하고 '인공지능법' 초안을 공개(2021.4.21.)하는 등 고위험 인공지능 분야 관련 규정을 구체화했음. 유럽평의회 인권위원장은 '인공지능 블랙박스 해제: 인권 보호를 위한 10단계(2019)' 권고를 발표하며 인공지능이 인권에 미치는 부정적인 영향을 방지하고 완화하기 위한 방안을 제시함. 2022년 '디지털서비스법(DSA)'을 통해 온라인 플랫폼의 불법 콘텐츠 관리 책임을 강화했으며, 2023년 '디지털시장법(DMA)'을 마련해서 거대 플랫폼의 시장 지배력 남용을 금지함. 2024년 세계 최초로 포괄적인 인공지능 규제 법안(EU AI Act)을 제정해서 고위험 인공지능에 대한 위험관리 등의 의무 부과와 함께 위반할 경우 전 세계 매출의 최대 7%에 해당하는 과징금을 부과하도록 함.

그렇다면 우리나라의 법률 및 제도는 어떤 상황일까? 일반적으로 널리 알려진 '지능정보화기본법'이 있다. 이 법은 대부분의 규정을 지능정보기술의 개발과 관련 산업의 진흥 정책에 할애하고 있다. 반면에 인공지능 개발 주체에 인공지능 기술의 안정성, 신뢰성, 공정성을 확보하게 하고 불평등과 노동환경 변화에 대응할 책임과 의무를 부과하는 규정은 상대적으로 미흡한 실정이다. 이 밖에도 각 정부 부처를 중심으로 활발하게 논의되고 있는 것은 법률보다는 강제성이 약한 자율규제 수준의 윤리기준과 원칙에 준하는 내용이다. 그 구체적인 내용은 다음과 같다.

· 과학기술정보통신부: 2020년 자율규범 성격의 '인공지능 윤리기준'을 통해 3대 기본 원칙과 10대 핵심 요건을 제시했고, 인공지능 법제정비단 운영과 인공지능 법제 정비 로드맵 마련을 통해 'AI(인공지능) 기본법' 제정 노력.

· 방송통신위원회: 2019년 11월 주요 기업과 분야별 전문가의 의견수렴을 거쳐 '이용자 중심의 지능정보사회를 위한 원칙'을 발표했고, 2024년 인공지능 등 새로운 디지털서비스의 역기능으로부터 이용자를 보호하기 위해 '인공지능서비스 이용자보호에 관한 법률' 제정 노력.

· 개인정보보호위원회: 2021년 5월 '인공지능 관련 개인정보보호 자율점검표'를 마련해서 인공지능 개발자와 운영자가 자율적으로 점검할 수 있는 개인정보보호 기준을 발표했고, 2023년 개인정보보호법을 개정해 'AI 확산에 따른 자동화된 결정 영역에서 국민의 권리'를 신설했으며, 2024년 'AI(인공지능) 개발·서비스에 이용되는 공개데이터 처리 기준'을 제시.

· 금융위원회: 2021년 7월에 금융 분야 인공지능의 활성화와 신뢰성 제고를 목적으로 금융회사가 스스로 관리하고 점검하는 자율규제 형식의 '금융 분야 AI 운영 가이드라인'을 발표

했고, 2023년 금융 분야의 AI 활용 환경 구축을 위해 '금융 분야 AI 보안 가이드라인'과 'AI기반 신용평가모형 검증체계'를 마련했으며, 2024년 금융권의 생성형 AI활용 활성화를 위해 '금융권 AI 협의회' 발족.

선진국과 비교해 우리나라는 인공지능 기술 및 산업의 성장에 중점을 두어 인공지능으로 인한 인권 문제를 다루는 데에는 부족한 측면이 있고, 각 정부 부처와 기관은 각자의 소관 업무와 관련해 개별적인 이슈로 접근하는 한계가 있다. 무엇보다 인공지능 개발과 활용과 관련해서는 각 소관 부서의 총체적인 인권적 접근이 이루어져야 한다. 이를 위해 국가인권위원회의 주도적인 역할이 필요하다. 국가인권위원회는 2022년 5월 11일, 인공지능 개발과 활용 과정에서 생길 수 있는 인권침해를 예방하고자 이에 대한 가이드라인을 발표했다. 이 가이드라인에 기초해 국무총리에게는 인공지능 관련 정책이 수립 및 이행되고 관계 법령이 제·개정되도록 관련 부서들을 유기적으로 조정·통합할 것을 권고했고, 과학기술정보통신부장관·개인정보보호위원회위원장·방송통신위원회위원장·공정거래위원회위원장·금융위원회위원장에게도 이 가이드라인에 기초해 인공지능 관련 정책을 수립·이행하고 관계 법령을 제·개정할 것과 공공기관 및 민간기업이 가이드라인을 준수하도록 적극적으로 관리 및 감독할 것을 권고하기도 했다. 이후에도 국가인권위원회에서는 인공지능과 인권문제와 관심을 갖고 2023년 '인공지능 법률안에 대한 의견 표명', 2024년 '인공지능 개발 관련 정책·사업계획을 수립할 때 인권영향평가 실시'를 권고했다.

이를 토대로 궁극적으로 자율적 규제 수준을 넘어서 법률과 제도로서 인공지능 신기술 관련해서 발생할 수 있는 다양한 인권 문제가 사전 예방되어 불확실성의 시대에 누구나 기본적 인권을 누릴 수 있는 안전하고 행복한 사회가 되기를 기대해본다.

<<< 새로운 시대에 고민해야 할 것들

앞서 우리는 감염병의 진원지나 나라 이름을 쓰지 말자고 했다. 그렇다면 동물 이름은 어떻게 생각하는가? '아프리카 돼지열병', '조류독감' 등의 이름 말이다. A형 H1N1바이러스는 돼지와 관련도 없는데 '돼지독감'으로 불리면서 이집트에서는 돼지를 모두 도살하는 일도 벌어졌다. 최근 세계 각국에서 중서부 아프리카의 풍토병이었던 '원숭이두창'이 확산되고 있다. 과학계에서는 원숭이두창이라는 명칭이 특정 집단이나 지역에 대한 차별과 낙인을 유발할 수 있기에 명칭 변경을 주장했고, 이에 세계보건기구(WHO)도 원숭이두창을 대체할 새로운 이름을 찾기로 했다고 한다. 그렇다면 '원숭이두창'의 명칭을 대체할 새 이름은 무엇이 좋을까?

최근 포스텍에서 인공지능이 작곡한 국악 연주회가 열렸고, KAIST에서도 인공지능 피아노와 소프라노 조수미의 협연이 열렸다. 이 음악의 저작권은 누가 가질까? 현재 저작권법은 저작물을 창작한 사람이 권리를 가진다. 인공지능의 기술과 산업을 발전시켜야 한다는 측과 인간 창작의 영역을 지켜야 한다는 측의 충돌이 예상되는 지점이다. 비단 창작의 영역만이 아니다. 인공지능이 주행한 차가 일으킨 사고의 책임이 운전석에 앉은 사람에게 있는지, 아니면 인공지능을 만든 차량 생산회사에 있는지 명확하지 않다. 메타버스에서 아바타를 대상으로 살인이나 성희롱 범죄가 일어나면 어떤 죄로 처벌해야 할까? 메타버스와 아바타도 재산으로 봐야 할까? 결국 인공지능 시대에 '사람의 범위'를 어디까지로 볼 수 있을까?

정필운 _ 한국교원대학교 일반사회교육과에서 교수로 일하고 있으며, 한국인터넷법학회장(2023~2024)으로 봉사하고 있다. 연세대학교 대학원 법학과를 졸업(법학박사)했고 한국전산원 선임연구원, 미국 UC Berkeley, School of Law에서 방문연구원(visiting researcher)으로 연구했으며, 한국법과인권교육학회장(2021~2022)을 역임했다. 법과 시민교육을 주제로 한 여러 글을 발표했다. 저서로는 《법 안의 사람 법 밖의 사람》 외에 공저 《전파법연구》 《전기통신사업법연구》 《방송법연구》 《한국인의 법과 생활》 등이 있으며, 헌법과 정보법, 교육법을 주제로 한 여러 논문이 있다.

8장

누구나 사람답게 살 권리

누가 존엄을
침해하는가

성인 남성인 김갑돌은 죄를 저질러 검사에 의해 기소되어 법원에서 벌금 70만 원과 이 벌금을 내지 않는 경우 노역장에 유치한다는 판결을 선고받았다. 그는 벌금 납부를 거부해 노역장 유치 명령을 받고 구치소에 수용되었다.

구치소에 간 그는 깜짝 놀랐다. 자기가 수용될 방의 크기가 너무 작았기 때문이다. 방에 들어가 보니 그에게 할애된 면적은 1제곱미터 남짓. 키가 175센티미터인 그는 팔다리를 마음껏 뻗기 어렵고, 모로 누워 '칼잠'을 자야 할 정도로 매우 좁았다. 순간 눈물이 핑 돌았다. '내가 죄를 지은 사람이라고 이렇게 취급을 받아도 되나? 그래도 너무한 것 아닌가?' 싶었다.

여러분이 그러면 어떻게 할까? 죄를 지은 사람은 이처럼 취급해도 된다고 생각할까? 그럴 수도 있다. 그러나 적어도 우리 헌법은 죄를 지은 사람도 사람이고 사람이라면 누구나 인권이 있다고 본다. 따라서 죄를 지은 사람도 사람으로 대우하며 법에 따라 죗값을 치러야지, 죄인이니 사람으로 대우할 필요도 없다고 여기지 않는다. 이 사례의 김갑돌도 헌법에서 보장하는 '인권'이 있으므로 사람으로 대우해야 한다는 것이다.

다음으로, 키가 175센티미터인 그에게 1제곱미터 남짓한 면적을 주면서 구치소에 머물라고 하는 것이 지나치지 않을까? 여러분이 김갑돌이라 구치소에서 팔다리를 마음껏 뻗기 어렵고, 모로 누워 '칼잠'을 자야 한다면 어떨까? '역지사지' 정신을 발휘해보면 국가가 그에게 한 행위는 지나치다고 생각할 수 있다. 우리 헌법재판소도 여러분과 같이 생각하며 다음과 같이 말했다.

교정 시설의 1인당 수용 면적이 수형자의 인간으로서의 기본 욕구에 따른 생활조차 어렵게 할 만큼 지나치게 협소하다면, 이는 그 자체로 국가형벌권 행사의 한계를 넘어 수형자의 인간의 존엄과 가치를 침해하는 것이다. 이 사건의 경우 성인 남성인 청구인이 이 사건 방실에 수용된 기간 동안 1인당 실제 개인 사용 가능 면적은, 2일 16시간 동안에는 1.06제곱미터, 6일 5시간 동안에는 1.27제곱미터였다. 이런 1인당 수용 면적은 우리나라 성인 남성의 평균 신장인 사람이 팔다리를 마음껏 뻗기 어렵고, 모로 누워 '칼잠'을 자야 할 정도로 매우 협소한 것이다. 그렇다면 청구인이 이 사건 방실에 수용된 기간, 접견 및 운동으로 이 사건 방실 밖에서 보낸 시간 등 제반 사정을 참작해보더라도 청구인은 이 사건 방실에서 신체적·정신적 건강이 악화되거나 인격체로서의 기본 활동에 필요한 조건을 박탈당하는 등 극심한 고통을 경험했을 가능성이 크다. 따라서 청구인이 인간으로서 최소한의 품위를 유지할 수 없을 정도로 과밀한 공간에서 이루어진 이 사건 수용 행위는 청구인의 인간으로서의 존엄과 가치를 침해한다.〔헌재 2016.12.29. 2013헌마142〕

이 판례를 보면 헌법재판소는 국가 행위가 '인간의 존엄'을 침해하는 인권침해 행위라고 판단했으며, 헌법재판소가 인권을 침해한다고 판단하는 것은 결국 우리의 인권 감수성과 매우 밀접한 연관이 있다는 것을 알 수 있다. 따라서 우리도 어떤 상황에서 인권을 침해당했다고 느낄 때 주저하지 말고 항의해야 한다. 인권에 대해 충분히 이해하고 있다면, 여러분의 판단은 많은 경우 헌법재판소의 판단과 다르지 않을 것이다.

우리가 사는 세상에는 다양한 사람이 있다. 그럼에도 불구하고 모든 인간은 존엄하다. 이 존엄을 유지하기 위해서는 생명, 신체, 재산 등이 보장되어야 한다. 이처럼 개인이 존엄을 유지하는 데 필요한 생명, 신체, 재산 등의 '이익'을 보호하기 위해 인간이라면 누구나 보장해야 하는 권리를 인권이라고 말한다.

인권은 인간의 존엄을 지키는 데 필요한 이익을 보호하기 위한 것이므로, 인권 보호는 인간 존엄을 지키는 기반이 된다. 인권은 하늘에서 부여받은 권리이므로 신분의 높고 낮음에 관계없이 인간이면 누구나 평등하게 보장해야 한다는 인권 사상은 중세와 절대왕정을 무너뜨리고 근대를 연 시민혁명의 원동력이 되었다. 그 결과 프랑스혁명과 같은 근대 시민혁명 이후 '인간과 시민의 권리선언'과 같은 인권 보장의 문서화가 시도되었다.

현대에 들어 이와 같은 인권 보장의 문서화는 더욱 심화되고 있다. 국가는 헌법에 의해 '기본권'의 형태로, 법률을 통해 '법률상 권리'의 형태로 인권을 문서화하고 있다. 국제연합과 각 대륙별 국제단체는 국제연합헌장, 조약 등 국제법으로 인권을 문서화하고 있다.

따라서 인권은 역사적인 관점에서 도덕적 권리, 자연법적 권리이지만, 현재의 관점에서는 도덕적 권리, 자연법적 권리뿐 아니라 헌법과 법률, 아동권리협약과 같은 각종 인권 관련 조약에 의해 보장되는 실정법상 권리를 포함한다. 앞엣것을 좁은 의미의 인권, 뒤엣것을 넓은 의미의 인권이라고 할 수 있다.

우리 일상생활에서 인권이라는 용어를 사용할 때는 이 두 가지 의미 중 하나로 쓰인다. 예를 들어 "우리 헌법은 존엄하게 죽을 권리를 보호하고 있지 않지만, 그것은 인권이므로 우리 헌법에서도 보호되어야 한다."라는 문장에서 쓰인 인권은 좁은 의미의 인권을 의미한다. 한편 "우리 헌법은 표현의 자유를 헌법이 보장하는 기본적인 인권으로 보장하고 있다."라는 문장에서 쓰인 인권은 넓은 의미의 인권을 의미한다. 따라서 인권이라는 용어가 사용되는 맥락을 잘 살펴보고 그것이 어떤 의미로 사용되는지 이해해야 한다.

인권은 사람이라면 누구나 보장받아야 할 기본적인 권리다. 이런 의미에서 인권은 사람이면 누구나 누릴 수 있는 보편적 권리다. 따라서 돈이 많든 적든, 권력이 많든 적든, 남자든 여자든, 그 사람이 종교가 있든 없든, 종교가 있는 경우 천주교인, 개신교인, 불교인이든, 나이가 많든 적든 사람이면 누구나 인권을 누릴 수 있어야 한다.

이에 관해 우리 국가인권위원회법은 제2조 제3호에서 "성별, 종교, 장애, 나이, 사회적 신분, 출신 지역(출생지, 등록기준지, 성년이 되기 전의 주된 거주지 등을 말한다), 출신 국가, 출신 민족, 용모 등 신체조건, 기혼·미혼·별거·이혼·사별·재혼·사실혼 등 혼인 여부, 임신 또는 출산, 가족 형태 또는 가족 상황, 인종, 피부색, 사상 또는 정치적 의견, 형의 효력이 실효된 전과, 성적 지향, 학력, 병력 등"을 나열하고 있다.

인권은 역사적으로 도덕에 근거한 도덕적 권리이고 자연법에 근거한 자연법적 권리다. 그러나 현대에 와서 이런 인권은 헌법과 법률에 근거한 실정법적 권리로 발전했다. 이런 면에서 인권은 실정법에서 인정하는 권리를 정당화하는 근거이자 실정법에서 인정하는 권리와 인정하지 않는 권리 상태의 정당성의 심사 기준이다.

우리나라 현행 법제상 권리 보장의 근거가 될 수 있는 법의 형식은 헌법과 법률이다. 이런 의미에서 국내 실정법에서 보장하는 권리는 헌법에서 보장하는 권리인 기본권과 법률에서 보장하는 권리인 법률상 권리로 구분할 수 있다.

'기본권'은 헌법에 의해 보장되고 헌법의 효력을 가지는 권리이므로 법률적 권리와 다르다. 그러므로 기본권은 법률 개정으로 빼앗을 수 없는 권리이고, 그 침해가 있는 경우 헌법소원심판에 의해 구제할 수 있다. 예를 들어 우리 헌법 제72조에서는 국민투표권을 규정하고 있으므로 국민투표권은 기본권이다. 그러나 '법률상 권리'는 법률 개정으로 빼앗을 수 있는 권리이며, 이런 점에서 입법권을 구속할 수 없고, 권리가 침해받았다면 헌법소원심판이 아닌 법원의 재판을 통해 구제받을 수 있다. 예를 들어 지방자치법 제14조는 주민투표권을 법률상 권리로 규정하고 있다.

기본권과 법률상 권리는 헌법과 법률이라는 두 실정법에서 권리를 보장하기 때문에 법적 권리에 해당한다. 하지만 기본권은 헌법에서 보장하고 법률상 권리는 법률에서 보장한다는 차이점이 있다. 다시 말해 헌법으로 보장되는 기본권이 침해된 경우에는 재판뿐만 아니라 헌법소원으로도 구제받을 수 있으나 법률상 권리가 침해된 경우에는 재판을 통해서만 구제받을 수 있다. 따라서 헌법 제72조가 규정하는 국민투표권을 침해하는 경우 재판뿐만 아니라 헌법재판소에 헌법소원을 청구해서 기본권 침해를 구제받을 수 있지만, 지방자치법 제14조가 규정하는 주민투표권을 침해하는 경우 재판을 통해 구제받을 수 있을 뿐 헌법소원으로 구제받을 수는 없다.

인권은 인간이면 누구나 누릴 수 권리이고, 헌법은 각국에서 시민의 인권을 보장하기 위한 법이라는 점에서 어느 나라 헌법에서도 인권은 기본권으로 보장하는 것이 일반적이다. 그러나 세계 각국은 저마다 문화적 · 정치적 특성이 있으므로 실제로 모든 인권이 세계 모든 헌법에서 보장되는 것은 아니다. 이런 의미에서 인권과 기본권은 밀접한 연관이 있으나 인권이 곧 기본권은 아니며, 인권과 기본권은 구별된다. 또한 세계 각국은 저마다의 문화적 · 정치적 특성뿐 아니라 그때그때 각국의 사정에 따라 어떤 이익을 법률로 보호하기도 하고 보호하지 않기도 한다. 이런 의미에서 법률상 권리는 인권과 구별되며, 기본권과 비교하면 인권과 좀 더 거리가 있다고 할 수 있다.

인권이 품은
권리들

 인권은 그 성질에 따라 자유권, 참정권, 청구권, 사회권, 평등권 등으로 분류한다. 이것은 우리 헌법 제10조부터 제36조까지 규정하고 있는 개별적인 기본권을 그 성질, 효력, 위헌심사 기준 등 각 기본권의 특징과 법적 취급의 차이에 따라 분류한 것이다. 우리 헌법은 제12조에서 평등권을, 제13조부터 제23조에서 자유권적 기본권을, 제24조부터 제25조에서 참정권적 성격의 기본권을, 제26조부터 제30조까지 청구권적 기본권을, 제31조부터 제36조까지 사회권적 기본권을 규정하고 있다. 현행 헌법의 이런 태도는 위와 같은 분류를 염두에 두고 입법을 한 것으로 이해할 수 있다.

 이 중 자유권은 시민이 부당하게 국가의 침해를 받지 않고 삶을 영위하는 것을 보호하는 기본권 유형이다. 따라서 소극적이고 방어적인 성격의 권리다. 시민이 생명, 안전, 재산 등을 침해하는 국가의 행위로부터 보호받고자 하는 노력은 1215년 영국의 대헌장 당시부터 있었던 가장 전통적인 것이었다. 그래서 자유권은 비교적 일찍부터 그 보장 체계가 확립되어 기본권 논의의 주변으로 밀려났다가 제1, 2차 세계대전과 파시즘, 공산주의, 독재 등을 겪으며 다시 그 중요성이 강조되었다.

우리나라 헌법 제12조 신체의 자유, 제14조 거주·이전의 자유, 제15조 직업의 자유, 제16조 주거의 자유, 제17조 사생활의 비밀과 자유, 제18조 통신의 비밀과 자유, 제19조 양심의 자유, 제20조 종교의 자유, 제21조 표현의 자유, 제22조 학문·예술의 자유, 제23조 재산권이 이에 속한다.

이와 같은 자유권은 국가가 침해행위를 하지 않음으로써 자연스럽게 보호된다. 따라서 국가의 적극적인 행위가 헌법에서 보장된 인권인 특정 기본권으로 보호하고자 하는 헌법적 시민의 이익을 부당하게 침해하면 위헌이라고 판단한다. 그 위헌심사 기준은 원칙적으로 과잉 금지의 원칙이다. 그리고 그런 침해가 있을 때 국가가 침해적 행위를 멈춤으로써 구제된다.

참정권은 시민이 국가기관의 구성과 운영에 참여하는 것을 보호하는 인권이다. 따라서 능동적인 성격의 권리다. 또한 인권 중 민주주의 원리와 밀접한 연관을 가진 권리다. 우리나라 헌법 제24조 선거권, 제25조 공무담임권, 제8조 정당의 자유, 그리고 제72조 및 제130조 국민투표권이 이에 속한다. 참정권을 인정받으면 공무담임권으로 직접 국가의사를 결정하거나, 선거권을 통해 간접적으로 국가의사 결정에 자신의 목소리를 투영할 수 있다. 따라서 참정권을 인정받는다는 것은 이것을 통해 다른 권리를 추가로 얻을 수 있는 권리를 확보한다는 의미에서 중요한 의미가 있다.

이와 같은 참정권은 국가가 시민이 정치에 참여할 수 있는 제도와 조치를 취하는 적극적인 행위로써 보호된다. 따라서 국가가 이런 적극적인 행위를 하지 않는 것이 당해 기본권이 보호하고자 하는 시민의 이익을 부당하게 침해하면 위헌으로 판단한다. 전통적으로 과잉 금지의 원칙이 위헌심사의 기준으로 보며, 그런 침해가 있을 때 국가가 시민이 정치에 참여할 수 있는 제도와 조치를 취하는 적극적인 행위에 나섬으로써 구제된다.

청구권은 시민이 권리를 침해당했을 때 국가에 이를 구제해달라고 청구하는 것을 보호하는 인권이다. 따라서 권리구제를 위한 수단적인 성격이며 적극적인 권리다. 우리나라 헌법의 제26조 청원권, 제27조 재판청구권, 제28조 형사보상청구권, 제29조 국가배상청구권, 제30조 범죄피해자구조청구권이 이에 속한다. 청구권은 시민이 권리를 침해당했을 때 이를 구제받을 수 있는 적절한 제도와 조치를 취하는 적극적인 행위를 통해 보호된다.

따라서 국가가 이런 적극적인 행위를 하지 않는 것이 당해 기본권이 보호하고자 하는 시민의 이익을 부당하게 침해하면 위헌이라고 판단한다. 그 위헌심사 기준은 과잉 금지의 원칙이 전통적인 견해다. 그리고 그런 침해가 있을 때 국가가 시민이 권리구제를 받을 수 있는 제도와 조치를 취하는 적극적인 행위에 나섬으로써 구제된다. 이런 면에서 청구권은 참정권과 보호하는 생활 영역이 다를 뿐, 그 효력과 위헌심사 기준 등에서는 동일한 성격을 가진다.

사회권은 헌법이 설정한 상황을 국가가 실현하도록 적극적인 행위를 요구하는 것을 보호하는 인권이다. 근대 초기에는 시민의 생명, 안전, 재산을 보호하기 위해 국가가 소극적인 질서 유지 기능만을 충실히 하고, 시민의 사적 자치를 보호하면 이상적인 사회가 되리라 가정했다. 그러나 시간이 지남에 따라 저임금, 실업, 소년노동, 가난, 질병, 독과점, 미흡한 소비자보호 등 다양한 사회문제가 발생해서 이상적인 사회와 점차 멀어졌다.

역사는 이와 같은 사회문제는 이른바 '보이지 않는 손'으로는 해결할 수 없다는 것을 보여주었다. 이에 국가의 인위적인 개입으로 시장경제 원칙을 보완해서 사회문제를 해결해야 한다는 사회적 요구가 대두되었다. 이런 사회적 요구에 부응하기 위해 국가가 소극적인 질서 유지 기능을 넘어 적극적인 급부 기능을 수행해야 한다는 사상이 싹텄다.

사회권은 복지국가 사상을 국민의 기본권으로 명문화한 결과다. 이런 의미에서 사회권은 복지국가 원리와 밀접하게 연관되어 있다. 우리 헌법 제31조 교육기본권, 제32조 근로의 권리, 제33조 노동3권, 제34조 인간다운 생활을 할 권리, 제35조 환경권, 제36조 혼인과 가족생활의 보호·보건권이 이에 속한다.

이와 같은 사회권은 국가가 적극적인 행위를 함으로써 보호된다. 따라서 헌법으로 보장된 인권인 특정 기본권으로 보호하고자 하는 헌법적 이익이 있고, 그와 관련된 특정한 헌법적 상황이 헌법이 설정한 수준에 미치지 못하며 이를 헌법이 설정한 수준까지 높일 적극적 행위를 할 의무가 있는 국가가 그 의무를 이행하지 않았는지 판단이 필요하다. 그 위헌심사 기준은 원칙적으로 과소보호 금지의 원칙이다. 그리고 그런 침해가 있을 때 국가가 적극적인 행위를 함으로써 구제된다. 참고로 과소 보호 금지의 원칙이란 지나치게 적게 보호하는 것을 금지한다는 것으로, 지나치게 제한하는 것을 금지하는 과잉 금지의 원칙과 구별된다.

평등권은 시민이 국가에 다른 시민과 동등하게 대우받는 것을 보호하는 인권이다. 따라서 다른 기본권과 상호작용하면서 시민을 보호하며, 다른 기본권이 독자적으로 보호하지 않는 생활 영역에서 시민을 보호하기도 한다. 이 점에서 자유권, 참정권, 청구권, 사회권이 씨줄을 이룬다면 평등권은 날줄을 이루어 시민을 보호하는 기능을 수행한다. 우리 헌법 제11조는 "모든 국민은 법 앞에 평등하다."라며 일반적인 평등권을 부여하고, 제32조 제4항은 여성 근로의 부당한 차별 금지를, 제36조 제1항은 혼인과 가족생활에서 양성평등 등을 규정하고 있다.

평등은 같은 것은 같게, 다른 것은 다르게 취급하는 것이다. 따라서 무엇이 같고 무엇이 다른지 판단이 필요하다. 이를 판단하는 기준에 관해 우리 헌법재판소는 일반적으로는 '자의 금지의 원칙'을 제시하고 있다. 같은 것을 자의적으로 다르게 취급하거나 다른 것을 자의적으로 같게 취급하는 것을 금지한다는 것이다. 이 경우 차별 취급에 합리적인 이유가 있으면 이는 정당화된다.

한편 헌법재판소는 헌법이 스스로 차별을 금지하는 경우와 차별 취급으로 인해 관련 기본권에 중대한 제한을 초래하는 경우에는 '비례 심사의 원칙'을 제시하고 있다. 이 경우 합리적인 이유가 있다는 것만으로는 정당화되지 않고, 차별 취급의 목적과 수단이 엄격한 비례관계가 있어야 비로소 정당화된다는 것이다. 이와 같은 평등권은 국가가 모든 시민을 다른 시민과 동등하게 대우할 때 보호된다. 따라서 국가가 같은 것을 다르게 취급하거나 다른 것을 같게 취급할 때 침해되는 구조를 가지고 있다.

그 위헌심사 기준은 원칙적으로는 자의 금지의 원칙이다. 그리고 국가가 차별을 바로잡음으로써 구제된다. 자의 금지의 원칙이란 자의적으로 다르게 취급하는 것을 금지한다는 뜻이다. 이것과 구별되는 원칙이 비례의 원칙이다. 비례의 원칙은 자의적으로 다르게 취급하는 것을 금지할 뿐 아니라, 차별적으로 취급하는 목적을 달성하는 데 비례하는 수단을 선택했는지도 심사해서 좀더 엄격하게 위헌인지 심사하는 기준이다.

평등권은 시민이 국가에 다른 시민과 동등하게 대우받는 것을 보호하는 인권이다. "같은 것은 같게, 다른 것은 다르게" 대우해 달라는 것이다. 우리 헌법은 헌법 제11조에서 이를 보장하고 있다. 그리고 헌법 제31조 제1항은 "모든 국민은 능력에 따라 균등하게 교육을 받을 권리를 가진다."라고 규정해 교육 영역에서, 제36조 제1항은 "혼인과 가족생활은 개인의 존엄과 양성의 평등을 기초로 성립되고 유지되어야 하며, 국가는 이를 보장한다."라고 규정해 가정 영역에서 평등을 특별히 보장하고 있다. 따라서 국가가 한 시민을 다른 시민과 동등하게 대우해야 할 상황에서 동등하게 대우하지 않는다면 이를 차별이라 말한다. 따라서 차별은 곧 평등권의 침해다.

우리 헌법은 '다르게 대우하는 그 자체'를 차별이라 표현하기도 하고(제32조 제4항), '부당하게 다르게 대우하는 것'을 차별이라 표현하기도 한다(제11조 제1항). 우리 일상에서도 차별이라는 용어를 사용하는 맥락을 보면 헌법과 같이 다르게 대우하는 그 자체를 차별이라 표현하기도 하고, 부당하게 다르게 대우하는 것을 차별이라 표현하기도 한다. 그러나 엄밀한 의미에서 다른 것을 다르게 대우하는 것은 구분 대우이지 차별이 아니다. 같은 것을 다르게 대우하는 것이 차별이다. 그러므로 차별은 헌법 제11조 제1항의 용례와 같이 부당하게 다르게 대우하는 것을 의미하는 평가적 개념으로 사용하는 것이 좀더 타당하다.

한편 인권침해란 국가나 다른 시민이 또 다른 시민의 자유권, 참정권, 청구권, 사회권, 평등권 등을 훼손하는 행위를 말한다. 따라서 인권침해는 평등권 침해 행위인 차별을 포괄하는 더 넓은 상위 개념이라고 할 수 있다.

우리 헌법 제10조는 "모든 국민은 인간으로서의 존엄과 가치를 가지며, 행복을 추구할 권리를 가진다."라고 규정하고 있다. 우리 헌법학계에서는 이를 해석해서 인간의 존엄과 가치, 행복추구권이라는 기본권을 인정하고 있다. 전자는 우리 헌법이 있는 이유이며, 헌법의 최고 원리다. 헌법소송에서는 앞에서 서술한 개별 기본권이 보호하지 못하는 이익을 보호해야 할 필요가 있다고 헌법재판소가 판단하는 경우 이에 근거해서 새로운 기본권을 도출한다. 생명권, 인격권, 알권리 등이 그것이다.

한편 우리 헌법재판소는 행복추구권도 명시적으로 규정된 개별 기본권이 보호하지 못하는 이익을 보호해야 할 필요가 있다고 헌법재판소가 판단하는 경우 새로운 기본권을 도출하는 근거로 사용한다. 다만 행복추구권은 국가의 간섭을 배제하는 소극적인 내용이면서 인격적인 것이 내용이 아닌 기본권의 도출 근거로 사용하고 있다. 일반적인 행동권, 개성의 자유로운 발현권이 그것이다. 우리 헌법재판소는 후자를 근거로 사적 자치의 원리, 학생의 과외 교육을 받을 권리, 휴식권 등을 기본권으로 인정한 바 있다.

앞에서 본 것처럼 인간의 존엄과 가치와 행복추구권이 보호하는 내용은 대부분 자유권의 본질을 가지므로 그 보호, 침해 행위, 위헌심사 기준, 그리고 구제에 관한 서술은 원칙적으로 자유권의 그것과 같다.

국제인권법에서는 인권을 시민적·정치적 권리에 관한 국제규약에 근거한 인권과 경제적·사회적 및 문화적 권리에 관한 국제규약에 근거한 인권으로 유형화해서 제시한다. 시민적·정치적 권리에 관한 국제규약에 근거한 인권에는 생명권, 신체의 자유, 안전권, 사생활의 자유, 사상의 자유, 양심의 자유, 종교의 자유, 표현의 자유, 참정권, 평등권 등이 포함된다. 경제적·사회적 및 문화적 권리에 관한 국제규약에 근거한 인권에는 노동권, 사회권, 건강권, 교육권, 문화권 등이 포함된다. 그리고 이와 같은 두 가지 유형의 인권에 포섭할 수 없는 제3의 인권이 있다는 인식을 갖게 되었다. 자결권, 환경권, 평화권 등이 그것이다.

1979년, 프랑스 법학자이자 유네스코 인권평화담당관이었던 카렐 바작은 프랑스혁명의 가치인 '자유, 평등, 박애'를 인권과 연결해서 이른바 3세대 인권론을 전개했다.

그에 따르면 1세대 인권은 '자유'라는 가치를 실현하기 위한 것으로, 국가에 의한 침해로부터 개인을 보호한다. 이 권리에는 표현의 자유, 양심과 사상, 결사 및 집회의 자유 등 정치적 자유와 고문·노예제도 금지, 자의적 체포 금지 등 신체의 자유, 법 앞의 평등 등의 인권이 포함된다. 이 권리는 그가 채택한 인권의 성질에 따른 분류에 따르면 자유권, 참정권을 포괄하는 개념이고, 국제인권법의 분류에 따르면 시민적·정치적 권리에 관한 국제규약이 보호하는 인권을 포괄하는 개념이다.

2세대 인권은 '평화'라는 가치를 실현하기 위한 것으로, 시민이 인간의 존엄을 보장하기 위한 조건을 국가에 마련해달라고 요구할 수 있는 권리다. 이런 요구를 충족하기 위해 국가는 주거, 음식, 옷, 깨끗한 물과 같은 생활필수품과 사회기반시설, 교육, 의료와 같은 서비스를 제공해야 한다. 이 권리에는 사회보장권, 교육권, 문화향유권, 노동권의 인권이 포함된다. 그가 채택한 인권의 성질에 따른 분류에 따르면 사회권을 포괄하는 개념이고, 국제인권법의 분류에 따르면 경제적 · 사회적 및 문화적 권리에 관한 국제규약이 보호하는 인권을 포괄하는 개념이다.

이에 비해 3세대 인권은 '박애' 라는 가치를 실현하기 위한 것으로, 사람과 집단의 연대권이다. 이 권리에는 자결권, 환경권, 인도적인 지원을 받을 권리, 평화권, 언어 · 문화 공동체의 권리, 지속 가능한 개발과 미래 세대의 권리가 포함된다. 그가 채택한 인권의 성질에 따른 분류와 국제인권법의 분류에 따르면 이에 상응하는 인권은 없으며, 이 3세대 인권론의 가치는 주로 여기에 있다.

어떤 것을 유형화해서 살펴보는 것은 그것을 세밀하게 볼 수 있는 틀을 제공하므로 유용하다. 카렐 바작은 이런 관점에서 인권에 대한 여러 유형론 중에 가장 세밀하면서도 정치한 인권의 성질에 따른 분류에 따라 설명했다.

인권도 제한될 때가
있다

우리는 다른 사람과 더불어 사는 사회적 존재다. 따라서 인권이라도 다른 사람과 공존을 위해 제한되어야 할 때가 있다. 예를 들어 흡연하는 사람은 담배 냄새를 싫어하는 여러 사람과 함께 살기 위해 약간의 제한을 감수해야 한다. 또 다른 예를 들면 모든 시민은 언론·출판의 자유를 가지지만, 무제한으로 인정되는 것은 아니다. 언론 출판의 자유가 타인의 명예나 권리 또는 공중도덕이나 사회 윤리를 침해할 경우 이를 제한할 수 있다. 즉 인권의 행사가 다른 사람의 인권을 침해하거나 사회 질서, 공동체의 이익에 해를 끼치는 경우 국가는 인권 행사를 제한할 수 있다.

하지만 시민의 인권이 함부로 제한되어서는 안 된다. 이에 따라 현대 민주주의 국가에서는 엄격한 기준과 절차를 따랐을 경우에만 인권을 제한할 수 있도록 하고 있다. 인권을 제한하는 규정의 목적은 인권을 제한하기 위한 것이 아니라 오히려 인권 제한을 엄격히 제한해서 인권을 좀더 철저하게 보장하려는 데 그 의의가 있다고 할 수 있다.

우리나라 헌법은 제37조 제2항에서 "국민의 모든 자유와 권리는 국가 안전 보장·질서 유지 또는 공공복리를 위하여 필요한 경우에 한하여 법률로써 제한할 수 있으며, 제한하는 경우에도 자유와 권리의 본질적인 내용을 침해할 수 없다."라고 규정해서 제한의 요건과 그 한계를 명시하고 있다. 따라서 국가의 기본권 제한은 국가 안전 보장·질서 유지 또는 공공복리라는 공익을 위한 것이어야 하고(목적 요건), 국민의 대표가 만든 법률이라는 법형식에 의해야 하며(형식 요건), 과잉 금지의 원칙을 지켜야 한다(방법 요건).

여기서 과잉 금지의 원칙이란 당해 조치를 통해 달성하려는 목적이 정당하고(목적의 정당성), 당해 조치를 달성하기 위해 선택한 수단이 적합하고(수단의 적합성), 제한받는 국민의 법익을 최소로 침해하며(침해의 최소성), 달성하려는 공익이 침해되는 사익보다 커야 한다(법익의 균형성). 이 중 어느 하나라도 충족하지 못하면 과잉 금지의 원칙에 어긋나 위헌이다.

인권을 제한하는 법률이 인권 제한의 요건을 충족했더라도 늘 합헌은 아니다. 우리나라 헌법 제37조 제2항은 인권 중 기본권 제한의 요건을 충족한 경우에도 기본권의 본질적인 내용을 침해할 수 없다는 한계를 명시하고 있다. 따라서 기본권의 제한으로 기본권 자체가 무의미해지는 경우 기본권의 본질적인 내용을 침해한 것이므로 허용되지 않는다.

기본권을 제한하는 법률은 기본권 제한의 요건과 한계 중 어느 하나라도 충족하지 못하면 위헌이다.

인권 중 기본권 제한의 요건과 한계

기본권 제한의 요건			기본권 제한의 한계
목적 요건	방법 요건	형식 요건	
국민의 모든 자유와 권리는 국가 안전 보장·질서 유지 또는 공공복리를 위해	필요한 경우에 한해	법률로써 제한할 수 있으며	제한하는 경우에도 자유와 권리의 본질적인 내용을 침해할 수 없다.

나와 타인의 인권이
충돌할 때

내가 가진 인권을 주장하고 다른 사람은 그가 가진 인권을 주장하는 경우 이들 인권은 서로 충돌한다. 헌법에서는 이를 기본권의 충돌 이론으로 해결한다.

우선 개인과 개인의 인권이 충돌하는 경우, 이해당사자는 일단 국가권력을 상대로 자신이 갖는 인권의 효력을 주장하고, 국가권력은 쌍방 당사자가 주장하는 인권의 내용과 효력을 형량해서 두 인권이 모두 충분히 존중될 수 있는 합헌적인 해결책을 찾아야 하는 헌법적 의무를 진다.

인권이 충돌하는 경우에 어떤 기준에 따라 문제를 해결할지는 다양한 견해가 제시되어 왔다. 그러나 현재 유력하게 제시되어 사용되고 있는 것은 실제적 조화의 원칙과 이익형량의 원칙이다.

실제적 조화의 원칙은 법에서 보호되는 이익들을 법규범의 해석을 통해 각 이익이 모두 실현될 수 있도록 상호 조정해야 한다는 원칙을 말한다. 이익 사이의 충돌이 생기는 경우에 성급한 이익형량이나 추상적인 이익형량을 통한 양자택일로 다른 이익을 희생함으로써 하나의 법익만이 실현되어서는 안 되며, 이보다는 두 이익이 모두 고르게 실현될 수 있도록 해야 한다는 것이다.

이런 실제적 조화의 원칙의 방법으로는 충돌하는 인권 모두에 일정한 제약을 가함으로써 두 인권 모두의 효력을 양립시키되 두 인권에 대한 제약은 필요한 최소한에 그치도록 하는 과잉 금지의 방법과 충돌하는 인권을 모두 다치지 않는 일종의 대안을 찾아내어 인권의 충돌 관계를 해결하는 대안식 해결 방법 등이 제시되고 있다.

그러나 인권의 충돌 문제를 언제나 실제적 조화의 원칙에 따라 해결할 수 있는 것은 아니다. 예를 들어 산모의 생명이 위독해서 낙태를 고려하는 경우에는 산모의 생명권과 태아의 생명권이 충돌하는데, 어느 한 가치를 희생시키는 것이 불가피하므로 이 경우 실제적 조화의 원칙에 따라 해결하는 것이 어렵다. 이와 같은 양자택일의 상황에서는 어느 법익을 우선할지 판단을 내릴 수밖에 없으며, 그 판단은 어느 이익이 더 크고 중대한 것으로 평가될 수 있는지를 따지는 이익형량의 원칙에 따를 수밖에 없다.

이익형량의 원칙을 적용하기 위해서는 인권 상호 간에 일정한 '계층질서'가 있다는 가설이 전제되어야 한다. 모든 인권은 독자적인 의미와 기능을 갖기 때문에 원칙적으로 동급이라고 할 수 있다. 그러나 모든 인권의 가치의 핵이라고 할 수 있는 인간의 존엄과 가치는 다른 인권보다 상위에 있다고 할 수 있는 것처럼 제한

적이기는 하지만 일정한 '계층질서'가 있다는 논리가 성립할 수 있다. 이와 관련해 현재까지 제시되고 있는 기준은 다음과 같다.

우선 상위 인권과 하위 인권이 충돌하는 경우에는 상위 인권 우선의 원칙에 따라 상위 인권에 우선적인 효력이 인정된다. 이런 상위 인권으로는 인간의 존엄과 가치, 생명권 등이 제시되고 있다. 동위 인권이 충돌할 경우에는 인격적 가치를 보호하기 위한 인권을 재산적 가치를 보호하기 위한 인권보다 우선해야 한다는 인격적 가치 우선의 원칙과, 자유를 실현하기 위한 인권과 평등을 실현하기 위한 인권이 충돌하는 경우 자유를 우선하는 인권을 우선해야 한다는 자유 우선의 원칙 등을 제시하고 있다.

그러나 이와 같은 인권의 '계층질서'는 어디까지나 추상적인 차원에서 원칙론적인 의미를 지닐 뿐이므로 이에 전적으로 의지하는 것은 곤란하며, 인권의 충돌이 초래된 과정, 그로 인한 불이익의 정도(심각성), 다른 구제 수단의 존부 등을 포함한 구체적인 사정을 고려해서 판단해야 한다.

예를 들어 학생의 참정권과 다른 학생의 학습권이 충돌하는 경우에는 실제적 조화의 원칙과 이익형량의 원칙을 적용해 해결 방안을 제시하면 된다. 공직선거에 출마한 당해 학교 재학생이 자기 학교의 각 교실에서 선거운동을 하고자 하는 경우 학교장은 공직선거에 출마한 당해 학생의 선거운동의 자유와 다른 학생들의 학습권이 충돌하는 사례이므로, 헌법에서 보호되는 이익들을 헌법 규범을 해석해 각 이익이 모두 실현될 수 있도록 상호 조정하는 실제적 조화의 원칙을 적용해서 이를 해결하는 것이 타당하다.

이 경우 양 이익 사이의 충돌이 생기는 경우에 성급한 이익형량이나 추상적인 이익형량을 통한 양자택일로 다른 이익을 희생함으로써 하나의 법익만이 실현되어서는 안 된다. 오히려 헌법의 통일성 원리에 따라 양 법익을 최적으로 실현하는 노력이 필요하다.

구체적으로는 충돌하는 인권 모두에 일정한 제약을 가함으로써 두 인권 모두의 효력을 양립시키되 두 인권에 대한 제약은 필요한 최소한에 그치도록 하는 과잉 금지의 방법을 적용한다면, 공직선거에 출마한 당해 학교 재학생이 자기 학교의 각 교실에서 선거운동을 하되 수업 시간이 아닌 휴게 시간을 이용해 허용하는 방안을 생각해볼 수 있다.

또한 그것이 만족스럽지 않다고 판단하면 충돌하는 인권을 모두 다치지 않는 대안을 찾아내어 인권의 충돌 관계를 해결하는 대안식 해결 방법을 적용해볼 수도 있다. 공직선거에 출마한 당해 학교 재학생이 자기 학교의 각 교실에서 선거운동을 할 수 있도록 허용하는 것은 다른 학생의 학습권을 지나치게 침해하므로 각 교실에서는 허용하지 않되 점심시간에 운동장에서 선거운동을 하도록 허용하는 방안이 그것이다.

침해된 권리를 구제받고
싶다면

 인권이 침해되면 법원에 소송을 제기하는 것처럼 법적인 방법으로 구제받을 수 있다. 그리고 시민불복종, 저항권 행사와 같이 정치적인 방법으로 구제받을 수 있다. 이 중 법적인 구제 방법은 그 침해 주체가 국가기관이냐 개인이냐에 따라 확연히 다르다. 따라서 여기서는 국가기관의 인권침해에 대한 법적 구제 방법, 개인의 인권침해에 대한 법적 구제 방법, 정치적 구제 방법으로 나누어 살펴보자.

 국가기관이 인권을 침해하면 법은 이를 실효적으로 보호하기 위해 다양한 구제 방법을 마련하고 있다. 이 구제 방법은 누구의 침해에 대한 구제 방법인지에 따라 국가기관의 인권침해에 대한 구제 방법과 다른 시민의 인권침해에 대한 구제 방법으로 나눌 수 있다. 국가기관의 침해에 의한 구제 방법은 행정소송과 헌법소원, 위헌법률심판 등이 있다. 그리고 국가기관에 피해의 구제를 청원할 수 있으며, 국가기관이 자유권에 해당하는 기본권을 침해하거나 차별을 하면 국가인권위원회에 진정할 수 있다.

　다른 시민이 나의 인권을 침해한 경우 법원에 민사소송을 제기해서 피해를 구제받을 수 있다. 그리고 그런 인권침해 행위가 범죄에 해당하면 경찰, 검찰에 고소해서 가해자가 처벌받도록 할 수 있다. 한편 다른 시민이 성별, 종교, 장애 등을 이유로 합리적인 이유 없이 나를 차별하면 국가인권위원회에 진정할 수 있다. 이때 국가인권위원회는 당사자에게 합의를 권고하거나 조정을 할 수 있다.

　한편 인권침해에 대한 정치적인 구제 방법은 시민불복종, 저항권 행사가 있다. 시민불복종이란 국가의 법이나 정책, 명령이 정의롭지 않다고 판단했을 때 시민이 이를 의도적으로 거부하는 행위를 말한다. 그리고 저항권이란 국가권력이 민주적 기본질서를 침해하거나 파괴하려는 경우 이를 회복하기 위해 국민이 폭력·비폭력, 적극적이거나 소극적으로 국가권력에 저항할 수 있는 권리이자 헌법 수호 제도를 말한다.

권리란 자기가 가진 이익을 누리기 위해 법에서 인정한 힘이다. 그리고 의무란 자기의 의사와 무관하게 법에 의해 강요되는 구속이다. 법에 의해 규율되는 관계인 법(률)관계는 이 권리와 의무를 나누어 주는 것으로 구체화된다. 예를 들어 A 소유의 α주택을 B에게 매도하는 매매계약에서 매수인 B는 매도인 A에게 α주택을 자신에게 넘겨달라는 목적물인도청구권을 가진다. 그리고 이런 청구를 받은 매도인 A는 α주택을 매수인 B에게 넘겨주어야 할 목적물인도의무를 가진다. 이와 같이 민법은 A-B간의 매매 계약에 따라 매수인 B에게는 목적물인도청구권을, 매도인 A에게는 목적물인도의무를 인정한다. 이를 '권리와 의무의 대응 관계'라고 한다. 그리고 매수인 B의 목적물인도청구권은 매도인 A의 목적물인도의무의 충실한 이행을 통해 실현된다.

공법에서도 이와 같이 법(률)관계는 권리와 의무를 나누어 주는 것으로 구체화된다. 예를 들어 헌법에서는 개인의 생명, 재산, 안전을 보호하기 위해 이익 그 자체가 아니라, 이를 생명권, 재산권, 안전권과 같은 권리의 형태로 개인에게 부여하고, 이를 보호해야 하는 책임을 의무의 형태로 국가에 부여한다. 전자가 헌법에서 보장하는 권리인 기본권이고, 후자가 국가에 부여된 기본권 보호 의무다. 따라서 생명권을 가진 시민 A는 국가가 고문에 의한 살인을 하려는 경우 국가에 자신의 생명권을 존중해달라고 요구할 수 있는 기본권이 있다. 또한 (국가가 아닌) 시민 B가 자신을 죽이려 할 경우에도 국가에 자신의 생명권을 보호해달라고 요구할 수 있는 기본권이 있다.

결론적으로 인권이 온전히 실현되기 위해서는 타인과 국가의 의무 이행이 필요하다. 우리 모두가 자기가 가진 인권을 이해하고 이를 주장하는 것뿐 아니라 자신의 의무를 이해하고 이를 이행해야 하는 이유다.

2장

1. 여성신문, 2024.6.19., 〈한국 성평등 수준 세계 94위…경제활동·교육은 여전히 최하위권〉.

2. 동아일보, 2021.3.19., 〈한국여성 고용률은 M자형 곡선…20대에 최고점 →30대 급락〉.

3. 박종선, 〈강간죄의 적정한 사실인정 정립에 관한 연구〉, 《법학논총》 26(3), 2009, pp.14-15.

4. 문화일보, 2024.9.26., 〈SNS '미자 사냥꾼' 활개…미성년자 의제강간 5년 새 10배로〉.

5. 경상일보, 2024.3.5., 〈미성년자의제강간 낮은 처벌 수위 지적…앞으로 변화는〉.

6. 헌법재판소 2024.6.27.2022헌바106.

7. 충청일보, 2024.11.18., 〈고등학생 이성 교제 시 퇴학…대전 학생생활 규정 대다수 불합리〉., 디트뉴스24, 2015.11.25., 〈학생 '이성교제=풍기문란' 벌점 5점〉.

8. 여성가족부, 2023년 연간 성폭력 피해자 지원사업 운영실적 보고 참조.

9. 동아일보, 2018.6.22., 〈"결코 당신 잘못이 아냐"… '미투' 폭로 서지현 검사, 5개월 이후〉.

10. 데일리굿뉴스, 2018.2.27., 〈국민 88.6%…미투·위드유 운동지지〉.

11. 국가인권위원회, 군대 내 성폭력 실태조사, 2004년 인권상황 실태조사 연구용역사업보고서.

12. 한국여성의전화, 2023년 상담통계 분석자료, 친밀한 관계 내 여성폭력을 중심으로.

13. 서울경제, 2006.3.27., 〈"폭력남편보다는 차라리 교도소…"〉.

14. 아시아경제, 2018.7.3., 〈37년간 매 맞은 아내, 남편 살인… '매 맞는 아내 증후군'을 아시나요〉.

15. 나무위키, 검색: 리벤지 포르노.

16. 뉴시스, 2024.9.2., 〈N번방 방지법 있어도 텔레그램 못 잡는 이유〉.

17. 경향신문, 2019.9.27., 〈남녀 '몸 사용법' 부터 피임은 물론 육아 복지정책까지…평생 배운다〉.

3장

1. 박태현, 〈기후변화와 인권에 관한 시론〉, 《동아대학교 법학연구소》 제52호, 2011.

2. 녹색법률센터 언론 보도자료, 2020.12.16. 농민·노동자·청소년 등 '기후위기로 인한 인권침해에 대한 국가인권위원회 진정' 제기.

3. 한상운 외, 《기후정의 실현을 위한 정책 개선방안 연구(I)》, 한국환경정책·평가연구원, 2019.

4. 조효제, 《탄소사회의 종말》, 21세기북스, 2021.

5. 박태현, 〈기후변화와 인권에 관한 시론〉, 《동아대학교 법학연구소》 제52호, 2011.

4장

1. 국경없는의사회(https://msf.or.kr), 〈코로나19가 난민과 이주민에게 미치는 영향〉.

5장

1. 학교폭력예방법 제11조에 따라 연 2회 이상 실시하고 그 결과를 공표해야 하며, 2024년 1차 전수조사는 2024.4.15.~5.14. 기간 동안 전국 초4~고3 재학생 전체 398만 명을 대상으로 2023년 2학기부터 응답 시점까지 학교폭력 관련 내용으로 실시되었다.

2. https://www.edpl.co.kr/news/articleView.html?idxno=14639

6장

1. 제임스 수즈먼, 김병화 역, 《일의 역사》, 알에이치코리아, 2022, pp.40-55.

2. 서울신문, 2019.4.24., 〈미래노동자 10대 노동을 천시하다〉.

3. 법제처 생생법령정보, 〈5월 1일 근로자의 날, 쉬는 날인가요? 유래부터 수당까지〉.

4. 이데일리, 2019.5.1., 〈일하는 당신, 노동자인가요? 근로자인가요?〉.

5. 전태일 기념관 전태일 소개 영상, https://youtu.be/zeWQ4ztWQII; 전태일 기념관 청년 전태일 그의 일대기, https://www.taeil.org/who/life2; 한겨레, 2020.10.28., 〈기계처럼 일하는 삶, 우린 아직도 '전태일'이다〉.

6. 유수연, 《이상한 나라의 모자장수는 왜 미쳤을까》, 에이도스, 2022, pp.30-35.

7. 한스 크리스티안 안데르센, 원은주 역, 《성냥팔이 소녀》, 더클래식, 2020, pp.7-17, pp.196-197.

8. https://blog.naver.com/sghfam98/222855131743

9. 더팩트, 2023.03.09., 〈오늘도 '철인3종'…여성의 날도 다름없는 워킹맘의 하루〉.

10. 이투데이, 2024.06.10., 〈하루 한 시간도 못 쉰다…우울한 워킹맘·대디의 현주소〉.

11. 김정운·박정열·손영미·장훈, 〈'일과 삶의 조화(Work-Life Balance)'에 대한 개념적 이해와 효과성〉, 《여가학연구》 2(3), 29-48, 2005, p.30.

12. 김정운·박정열, 〈'일과 삶의 균형(Work-Life Balance)' 척도 개발을 위한 연구〉, 《여가학연구》 5(3), 53-69, 2008, p.54.

13. 뉴스1, 2024.10.17., 〈환경미화원 5년간 598명 사망…야간근무 등 과로사 39%〉.

14. 부산일보, 2024.09.30., 〈택배 노동자 사망, 팬데믹 이후 4배 폭증…10명 중 7명 '과로사'〉.

15. 강동묵·공유정옥·김대호·김영기·김인아·김재광·김정수·김형렬·류현철·송한수·이진우·이혜은·전주희·최민, 《굴뚝 속으로 들어간 의사들》, 나름북스, 2017, pp.78-79.

16. 헤럴드경제, 2023.7.28., 〈"트라우마에 무너집니다"…열차 투신 사고에 곪는 기관사들〉.

17. 강동묵·공유정옥·김대호·김영기·김인아·김재광·김정수·김형렬·류현철·송한수·이진우·이혜은·전주희·최민, 《굴뚝 속으로 들어간 의사들》, 나름북스, 2017, pp.197-198.

18. 대한급식신문, 2024.10.07., 〈5년간 학교급식소 '산재 5,443건'…'사망 11건'〉.

19. 하종강·이수정·김영민·하지현·류은숙·곽한영·임지선·정혜연·

윤자영·신경아, 《열 가지 당부》, 창비, 2020, pp.145-147.

20. 전혜원, 《노동에 대해 말하지 않는 것들》, 서해문집, 2021, pp.37-38.

21. 전혜원, 《노동에 대해 말하지 않는 것들》, 서해문집, 2021, pp.39-41.

22. 뉴시스, 2024.08.08., 〈배달 등 특고·플랫폼 노동자, '노동시장 이중구조' 새 피해자〉.

7장

1. 랄라, 〈코로나19와 인권, 인간의 존엄과 평등을 위한 사회적 가이드라인〉, 《코로나19와 인권: 지켜져야 할 인권원칙과 입법과제 토론회 자료집》, 양경숙 의원실·코로나19인권대응네트워크, 2020, pp.235~236.

2. 과학기술정보통신부 정책브리핑 자료, 2019.12.17.

3. 동아일보, 2023.7.7., 〈'AI 채용' 차별 논란에…뉴욕 "성별-인종편향 공개하라" 첫 규제〉.

4. 연합뉴스, 2024.8.25., 〈AI 디지털교과서 도입 찬반논쟁…"맞춤교육" vs "인지발달 저해"〉.

5. 아시아타임즈, 2020.3.18., 〈'스페인독감' 때문에 억울한 스페인, '우한폐렴' 때문에 억울한 중국〉.

6. 뉴스퀘스트, 2022.1.20., 〈"우한 폐렴" 이어 "오미크론 캐나다 유입" 논쟁…질병에 미워하는 나라 이름 붙여〉.

7. 한국일보, 2021.3.18., 〈애틀랜타 '인종증오' 총격 희생…한인 4명은 모두 스파에서 일하던 여성〉.

8. 한겨레신문, 2021.3.17., 〈코로나19 이후 '아시안 혐오범죄' 급증…1년간 약 4천 건〉.

9. 한국인사이트연구소, 2020, 〈코로나19와 혐오의 팬데믹 조사 결과〉.

10. 민중언론 참세상, 2022.8.17., 〈코로나19 기간 혐오 표현 관련 인식 조사 결과〉.

11. 연합뉴스, 2016.3.25., 〈인공지능 세뇌의 위험…MS 챗팅봇 '테이' 차별 발언으로 운영 중단〉.

12. 국가인권위원회, 2021 국가인권위원회 인권상황보고서, 2022, p.209.

13. 투데이뉴스, 2021.1.15., 〈'이루다' 통해 드러난 소수자 여성 혐오〉(김태규 기자의 젠더 프리즘).

14. 슬로우뉴스, 〈인권의 눈으로 돌아본 코로나19〉, 2022.

15. 공권력감시대응팀, 〈(이슈보고서) 코로나19와 집회시위의 권리〉, 2021, p.8.

16. 국가인권위원회, 2021 국가인권위원회 인권상황보고서(인공지능과 인권), 2022, pp.209~215; 국가인권위원회, 인공지능 개발과 활용에 관한 인권 가이드라인 연구, 2022, pp.22~27.

17. 국가인권위원회, 2021 국가인권위원회 인권상황보고서, 2022, pp.213~214.

18. 국가권위회 언론보도자료, 얼굴인식 기술에 대한 인권침해 우려, 2023.1.25.

19. 서울신문, 2021.6.15., 〈인공지능과 인권〉(한상희 시론).

20. 랄라, 〈코로나19와 인권, 인간의 존엄과 평등을 위한 사회적 가이드라인〉, 《코로나19와 인권: 지켜져야 할 인권원칙과 입법과제 토론회 자료집》, 양경숙 의원실·코로나19인권대응네트워크, 2020, p.10.

21. 코로나19인권대응네트워크, 〈코로나19와 인권, 인간의 존엄과 평등을 위한 사회적 가이드라인〉, 《'감염병 시기의 인권' 온라인 토론회 자료집》, 국가인권위원회, 2020.

22. 시라쿠사 원칙은 1984년 유엔경제사회이사회가 내세운 방역 가이드라인으로 목표 달성을 위해 인권침해를 최소화하고, 방역을 차별적으로 적용하지 않으며, 인간의 존엄성을 존중해야 한다는 내용을 담았다.

23. 국가인권위원회, 인공지능 개발과 활용에 관한 인권 가이드라인 연구, 2022; 국가인권위원회, 2023~2027 제4차 국가인권정책기본계획(인권NAP) 권고(인공지능 기술발전과 인권 보호), 2022, pp.241~250.

24. 국가인권위원회, 2023~2027 제4차 국가인권정책기본계획(인권NAP) 권고, 2022, pp.243~244.

● 참고자료

1장

조효제, 《조효제 교수의 인권 오디세이》, 교양인, 2015.

피터 퍼타도 · 마이클 우드 편, 김희진 · 박누리 역, 《죽기 전에 꼭 알아야 할 세계 역사 1001 Days》, 마로니에북스, 2020.

KBS 역사저널 그날, 대항해시대 ④ 유럽의 탐욕, 아프리카의 눈물, 2021.11. 27., https://program.kbs.co.kr/1tv/culture/theday/pc/index.html

2장

구정화, 《청소년을 위한 인권에세이》, 해냄, 2020.

김지혜, 《선량한 차별주의자》, 창비, 2019.

민주사회를 위한 변호사 모임 여성인권위원회, 《세상을 바꾼 성평등 판결》, 푸른사상, 2020.

변신원, 《이야기로 풀어 가는 성평등 수업》, BMK, 2022.

아웃박스, 《열두 달 성평등 교실》, 파란자전거, 2021.

엄주하, 《성 인권으로 한 걸음》, 을유문화사, 2021.

이나영 · 최윤정 · 안재희 · 한채윤 · 김소라 · 김수아, 《모두를 위한 성평등 공부》, 2020.

이라영, 《폭력의 진부함》, 갈무리, 2020.

권김현영 · 루인 · 정희진 · 한채윤, 《미투의 정치학》, 교양인, 2019.

조효제, 《인권오디세이, 교양인》, 2015.

주재선, 국제성평등지수로 보는 한국의 성평등 수준, 통계프리즘, 2021

청년일보 2022.12.02. 김희란 변호사의 형사수첩 ⑤ 데이트폭력 피해 법적 대응 A to Z (youthdaily.co.kr)

홍재웅, 《스웨덴식 성평등 교육》, 다봄, 2019.

3장

기상청, 생활 속 기상 이야기, 〈기후변화로 앓게 되는 우울증이 있다고? 기후 우울증〉, 2022.5.27.

박병도, 〈기후변화에 대한 인권적 접근〉, 《한국토지공법학회》 제60권, 2013.

박병도, 〈기후변화와 인권의 연관성에 관한 국제법적 검토〉, 《일감법학》 제42권, 2019.

박태현, 〈기후변화와 인권에 관한 시론〉, 《동아대학교 법학연구소》 제52호, 2011.

옥스팜, 〈상위 1% 부유층이 하위 50% 빈곤층보다 탄소 2배 배출?! 탄소불평등에 직면하다〉, 2020.9.22.

유엔난민기구, 〈기후 변화가 가져온 비극…강제 실향과 난민〉, 2021.5.18.

조윤제, 〈기후변화와 인권─환경파괴 상황에서 인권에 기반한 접근법〉, 《외법논집》 제43권 제2호, 2019.

조효제, 《탄소사회의 종말》, 21세기북스, 2021.

중앙일보, 〈'지구의 복수' 기후변화로 인한 죽음, 가난한 대륙이 15배 많다〉, 2022.2.28.

한상운 외, 《기후정의 실현을 위한 정책 개선방안 연구(I)》, 한국환경정책·평가연구원, 2019.

MBC, 〈바다가 삼키고 있는 나라, 수도 40%가 해수면 아래로〉, 2022.11.21.

pwccc.wordpress.com/support/

4장

김광민, 《십대, 인권의 주인공이 되다!》, 팜파스, 2020.

김진호 외, 《우리 시대 혐오를 읽다》, 철수와영희, 2019.

김형수 외, 《청소년 인권특강》, 철수와영희, 2018.

박경태, 《인권과 소수자 이야기》, 책세상, 2010.

복대원·선보라, 《차별은 원숭이도 화나게 한다》, 바다출판사, 2019

오찬복, 《곱창 1인분도 배당되는 세상, 모두가 행복할까?》, 나무를심는사람들, 2020.

원광대학교 시민교육사업단, 《학생 인권교육 이해와 실제》, 파주시, 2021.

유효종·이와마 아키코, 《마이너리티란 무엇인가》, 한울, 2012.

윤수종, 《소수자들의 삶과 기록》, 문학들, 2019.

은유, 《있지만 없는 아이들》, 창비, 2021.

이선영 외, 《문화 다양성의 이해》, 고등학교 인정교과서, 제주교육청, 2022.

이준일, 《인권법》, 홍문사, 2021.

전영평, 《한국의 소수자 운동과 인권정책》, 집문당, 2011.

중앙일보, 2019.08.21., 〈미국 도시들은 왜 '노인 모시기' 위해 경쟁할까?〉.

황옥경·구은미·이은주·김형욱, 《아동 청소년과 인권》, 나남, 2017.

5장

교육기본법

구정화, 《청소년을 위한 인권 에세이》, 해냄, 2015.

국가인권위원회 홈페이지(결정문)

권순정·강하영, 〈학교폭력 예방을 위한 교육적 접근의 의미〉, 《서울교육 이슈
페이퍼》 통권 제31호, 2021.

권혜령, 〈학생의 표현의 자유와 보장 범위와 사법심사 기준〉, 《헌법논집》
21(3), 59-88, 2017.

김도연·양혜정, 〈청소년기 휴대폰 의존의 변화에 대한 생태학적 요인의 영
향〉, 《한국청소년연구》 25(3), 169-197, 2014.

김명정·송성민, 〈정치관계법 개정에 따른 학교 참정권 교육의 개선 방안〉,
《법과인권교육연구》 15(2), 63-87, 2022.

노기호, 〈학생의 표현의 자유의 허용 범위와 한계〉, 《미국헌법연구》 22(2),
165-202, 2011.

매일경제, 〈美 실리콘밸리학교 스마트폰 엄격 제한…佛, 법 만들어 모든 초중
고 교내서 불허〉.

박민영·이지항·이재무, 〈청소년의 신체활동 및 스마트폰 과의존 증후군과
범불안 장애의 연관성 분석〉, 《한국웰니스학회지》 17(2), 423-431, 2022.

서울시교육청, 〈학생인권실태조사 결과 보고서〉, 서울시교육청, 2020.

이재희, 〈정당에서의 정치교육과 청소년 정치활동 참여〉, 《법과인권교육연구》
15(2), 89-111, 2022.

이희성 외, 《학생 인권교육 이해와 실제》, 양서원, 2021.

정종섭, 《헌법과 기본권》, 박영사, 2010.

조석훈·김용, 《학교와 교육법》 제2판, 교육과학사, 2007.

초중등교육법

표시열, 《교육법-이론, 정책, 판례》, 박영사, 2008.

학교폭력예방 및 대책에 관한 법률

헌법

Peter W. v. Sanfrancisco Unified School District. Court of Appeal of California. First Appellate District(1976) 131 Cal. Rptr. 854.

6장

강동묵 · 공유정옥 · 김대호 · 김영기 · 김인아 · 김재광 · 김정수 · 김형렬 · 류현철 · 송한수 · 이진우 · 이혜은 · 전주희 · 최민, 《굴뚝 속으로 들어간 의사들》, 나름북스, 2017.

김정운 · 박정열, 〈'일과 삶의 균형(Work-Life Balance)' 척도 개발을 위한 연구〉, 《여가학연구》 5(3), 53-69, 2008.

김정운 · 박정열 · 손영미 · 장훈, 〈'일과 삶의 조화(Work-Life Balance)'에 대한 개념적 이해와 효과성〉, 《여가학연구》 2(3), 29-48, 2005.

서울대학교병원 N의학정보 풍토병 http://www.snuh.org/health/nMedInfo/nView.do?category=DIS&medid=AA000443

유수연, 《이상한 나라의 모자장수는 왜 미쳤을까》, 에이도스, 2022.

전혜원, 《노동에 대해 말하지 않는 것들》, 서해문집, 2021.

질병관리청 누리집 해외감염 NOW http://xn-now-po7lf48dlsm0ya109f.kr/nqs/oidnow/nation/search.do

한스 크리스티안 안데르센, 원은주 역, 《성냥팔이 소녀》, 더클래식, 2020.

Hian, C. C., Quality of Work Life: What can union do?, S.A.M. Advanced Management Journal, 1990.

https://blog.naver.com/sghfam98/222855131743

https://photohistory.tistory.com/19346

7장

김병록, 〈인공지능과 인권〉, 《법학논총》 31(1), 조선대학교 법학연구원, 2024.

박진아, 〈인공지능시대의 인권〉, 《법학논문집》 48(1), 중앙대학교 법학연구원, 2024.

서창록, 《나는 감염되었다-UN 인권위원의 코로나 확진일기》, 문학동네, 2021.

8장

권영성, 《헌법학원론》, 법문사, 2008.

김남철, 《행정법강론》, 박영사, 2023.

김철수, 《헌법학신론》, 박영사, 2009.

김하열, 《헌법 강의》, 박영사, 2023.

박상기 외, 《법학개론》, 박영사, 2018.

손유은·정필운, 〈인권침해와 그 구제, 어떻게 가르칠 것인가?—2015 개정 교육과정 중학교 사회의 인권 단원에서 관련 서술의 문제점과 개선 방안〉, 《법과인권교육연구》 제15권 제3호, 2022.

이수경·정필운, 〈우리는 왜 권리를 가르치는가?—2015 개정 교육과정 초등학교 사회에서 권리 교육의 문제점과 개선 방안〉, 《법과인권교육연구》 제17권 제2호, 2022.

이수경·정필운, 〈인권, 무엇이라 가르칠 것인가?—2015 개정 교육과정 중학교 사회의 인권 내용에 대한 문제점과 개선 방안〉, 《법과인권교육연구》 제11권 제1호, 2018.

장복희, 〈국제법상 제3세대 인권과 국내적 이행〉, 《헌법재판연구》 제9권 제1호, 헌법재판연구원, 2022.

장영수, 《헌법학》, 홍문사, 2024.

전광석, 《한국헌법론》, 집현재, 2023.

정종섭, 《헌법학원론》, 박영사, 2012.

정필운, 《전환기의 교육헌법》, 박영사, 2022.

정필운·이준현·전용주·김혜경·안성경·주종진·황재성·이수경·양지훈, 《고등학교 정치와 법》, 비상교육, 2023.

정필운·이준현·전용주,·김혜경·안성경·주종진·황재성·이수경·양지훈, 《고등학교 정치와 법 지도서》, 비상교육, 2023.

한수웅, 《헌법학》, 법문사, 2023.

허영, 《한국헌법론》, 박영사, 2024.

허영, 《헌법이론과 헌법》, 박영사, 2021.

Erwin Chemerinsky, Constitutional Law, Wolters Kluwer, 2020.

누가 존엄을 침해하는가?

누구도 차별받지 않고 자유로울 권리